Gerhard Wehr

Rudolf Steiner zur Einführung

JUNIUS

Wissenschaftlicher Beirat

Prof. Dr. Detlef Horster
Prof. Dr. Ekkehard Martens
Prof. Dr. Herbert Schnädelbach
Prof. Dr. Ralf Schnell
Dr. Christoph von Wolzogen
Prof. Dr. Jörg Zimmermann

Junius Verlag GmbH
Stresemannstraße 375
22761 Hamburg

© 1994 by Junius Verlag GmbH
Alle Rechte vorbehalten
Umschlaggestaltung: Johannes Hartmann
Titelfoto: Archiv für Kunst und Geschichte, Berlin
Herstellung: Das Herstellungsbüro, Hamburg
Satz: H & G Herstellung, Hamburg
Druck: SOAK GmbH, Hannover
Printed in Germany 1994
ISBN 3-88506-899-0
1. Auflage Oktober 1994

Die Deutsche Bibliothek - CIP-Einheitsaufnahme

Wehr, Gerhard:
Rudolf Steiner zur Einführung / Gerhard Wehr.
- 1. Aufl. - Hamburg : Junius, 1994
(Zur Einführung ; 99)
ISBN 3-88506-899-0
NE: GT

Inhalt

Umstrittene Anthroposophie 7

Erster Teil
Voranthroposophische Grundlegung
  1. Zur philosophischen Orientierung 13
  2. Goethes Erkenntnistheorie und Weltanschauung 19
  3. Die Philosophie der Freiheit 31
  4. Im Umkreis des individualistischen Anarchismus 39

Zweiter Teil
Anthroposophisch orientierte Geisteswissenschaft
  1. Biographischer Zwischenbericht 47
  2. Von der Theosophie zur Anthroposophie 61
    In Distanz zu Spiritismus und Mediumismus 61
    Christliche Mystik und Theosophie 64
    Zur Evolution von Erde und Mensch 71
    Zur Menschenkunde 74
    Reinkarnation und Karma 78
    Der anthroposophische Erkenntnisweg 82
  3. Christosophie 91
    Mystische Tatsache 92
    Kosmische Tatsache 95
    Zum Evangelienverständnis 102

4. Kulturimpulse der Anthroposophie 107
   Kunst 108
   Die Dreigliederung des sozialen Organismus 112
   Waldorfpädagogik 116
   Medizin 124
   Biologisch-dynamische Landwirtschaft 128
   Bewegung für religiöse Erneuerung 131
5. Die »Anthroposophische Gesellschaft« 137

Anhang

Anmerkungen 145
Literaturhinweise 158
Zeittafel 171
Über den Autor 173

Umstrittene Anthroposophie

Der Name Rudolf Steiners regt zu den unterschiedlichsten Assoziationen an. Die einen, Mitglieder der in aller Welt immer noch wachsenden Anhängerschaft, zollen dem Begründer der Anthroposophie ungeteilte Verehrung. Kritik, gleich welcher Form, scheint in Kreisen der »Schülerschaft« verpönt zu sein. Daß demgegenüber Steiner nicht blind »verehrt«, sondern in besonnener Weise geprüft werden wollte, wird von solchen Steinerianern meist übersehen. Mit Anthroposophie, die einer Intensivierung des Bewußtseins entspricht, ist diese Form der »Gläubigkeit« jedenfalls nicht zu verwechseln.

Auf der anderen Seite stehen jene, die — aus verschiedensten Gründen — in skeptischer Distanz verharren. Für sie ist das Steinersche Werk beispielsweise die Erscheinungsform eines »modernen Gnostizismus«. Der Vorwurf kommt nicht nur von kirchlich-theologischer Seite. Steiner selbst wird hinsichtlich seiner Quellen und seines Hintergrundes bisweilen als eine schillernde Persönlichkeit be- oder verurteilt. Ganz geheuer ist einem der »Geistesforscher« nicht — sei es, daß der von ihm ins Werk gesetzte Universalismus suspekt erscheint, seien es als grotesk empfundene Sonderlehren und Okkultismen, die einer an der Oberfläche verharrenden Kritik willkommene Angriffsflächen bieten.

Aus anderer Perspektive heraus betrachtet, ist jedoch der ganzheitlich angelegte kulturreformerische Impuls nicht zu übersehen, der von dieser »anthroposophisch orientierten Geisteswissenschaft« ausgegangen und in mehrfacher Hinsicht wirksam geworden ist. Keine Frage: Noch stärker als zu Lebzeiten ihres Begründers ist Anthroposophie heute gefragt, etwa in Gestalt der Waldorfpädagogik, der biologisch-dynamischen Landwirtschaft, einer »erweiterten« Heilkunst sowie in einer Reihe weiterer gesellschaftlich relevanter und künstlerischer Aktivitäten. Naturgemäß sind es die jeweils angebotenen Problemlösungen sowie diverse Dienstleistungen, die im Vordergrund des allgemeinen Interesses stehen. In einer Konsumgesellschaft bleibt die Zahl derer, die sich um die geistigen Voraussetzungen und die Entstehungsbedingungen einer Kulturleistung kümmern, verhältnismäßig klein. Unabhängig von der Zahl der Interessierten aber besteht ein Informationsbedürfnis, das Bedürfnis, in das Gedankenwerk Rudolf Steiners eingeführt und mit ihm vertraut gemacht zu werden.

An dieser Stelle ist eine Vorklärung unerläßlich. Ginge es darum, lediglich ein Weltanschauungsgebilde, einen Ideenzusammenhang zu schildern, der sich »Anthroposophie« nennt, könnte man sich darauf beschränken, deren Struktur und Gedankeninhalte als ein in sich abgeschlossenes Ganzes zu beschreiben. Im Falle Steiners aber wäre das nicht möglich, ohne daß das dynamische Element verloren ginge. Eine Darstellung, die keine Biographie sein will, kann — wie zu zeigen sein wird — auf dieses Bewegungselement aus folgenden Gründen nicht verzichten:

1. So sehr auf die Zusammengehörigkeit des Früh- und des Spätwerks bei Steiner hinzuweisen ist, muß dessen jeweilige Eigengestalt sichtbar bleiben, die sogenannte »voranthroposophische« Grundlegung (bis gegen 1900) und die Entfaltung der Anthroposophie als solche, in Theorie und Praxis. Dieser Lebens- und Schaffensabschnitt erstreckt sich von Steiners Lebensmitte bis zu seinem Tod 1925.

2. Was den Inhalt seiner zweiten Lebenshälfte anlangt, so hat

er selbst eine Unterscheidung getroffen zwischen dem geschriebenen und dem gesprochenen Wort, d.h. dem Vortragswerk. In seiner Autobiographie *Mein Lebensgang* (Kap. XXXV) spricht er geradezu von der »Zweiheit« seiner öffentlichen und seiner privaten Schriften. Gemeint sind die Nachschriften der internen, ursprünglich nur der »Anthroposophischen Gesellschaft« vorbehaltenen Texte: »Die ganz öffentlichen Schriften sind das Ergebnis dessen, was in mir rang und arbeitete; in den Privatdrucken ringt und arbeitet die Gesellschaft mit. Ich höre auf die Schwingungen im Seelenleben der Mitgliedschaft, und in meinem lebendigen Drinnenleben, in dem, was ich da höre, entsteht die Haltung der Vorträge.«

Sieht man einmal von der Problematik ab, die durch (vom Vortragenden nicht ausdrücklich autorisierte) Nachschriften gegeben ist, dann beansprucht auch ein solcher Vortragstext, eine anthroposophische Lehrmitteilung zu sein. Sie wird aber durch den besonderen Anlaß, durch Ort, Zeit und Zuhörerkreis mit seinen speziellen Bedürfnissen mitgeprägt. Bedenkt man, daß das Steinersche Vortragswerk gegenüber seinen Schriften allein vom Umfang her ein Vielfaches ausmacht, dann darf diese Tatsache hinsichtlich der Einschätzung von Einzelaussagen nicht unberücksichtigt bleiben. Die Erfahrung zeigt, daß der heutige Leser sich dessen nicht immer bewußt ist.

Was nun die hier zu bietende Einführung anlangt, so ist einerseits auf die beiden Werkeinheiten — vereinfacht ausgedrückt vor und nach 1900 — Rücksicht zu nehmen. In inhaltlicher Hinsicht handelt es sich zum einen um die philosophische Grundlegung, zum anderen um die Entfaltung der Anthroposophie. Von daher ist die Gliederung bestimmt. Ein gesondertes Kapitel soll einen Überblick auf das Gesamtwerk gewähren, wie es in Schriften und Vorträgen heute in nahezu abgeschlossener Weise vorliegt. Dem folgt ein Vorschlag, wie sich das weitläufige, auf ungefähr 350

Buchtitel sich erstreckende literarische Werk Rudolf Steiners erschließen läßt.

Und gerade weil Anthroposophie, als »lebendiges Wesen« verstanden, kein in sich abgeschlossenes, somit auch kein »vollendetes« Weltanschauungsgebäude darstellt, sondern einen »Erkenntnisweg, der das Geistige im Menschenwesen zum Geistigen im Weltall führen möchte«, ist jeweils auf den prozessualen Faktor zu achten. Praktisch geht es darum, die empfangenen Gedankenanstöße in *individueller* Weise erprobend aufzunehmen und sie in freier Weise übend zu verinnerlichen. Damit ist eine Form der Rezeption gemeint, die sich von kritikloser Übernahme wie von mit Vorurteilen belastetem Widerstand gleich weit entfernt hält. In der Herstellung einer solchen Mittellage kommt bereits etwas vom Wesen eines übenden Umgangs zum Ausdruck. Im Grunde verlangt jede Begegnung eine derartige Balance als Ausdruck eines wachen Gegenwärtigseins. Anders kann das Anderssein und »die unerhörte Anderheit des Anderen« (M. Buber) nicht zur Sprache kommen.

Wie sehr Steiner selbst bestrebt war, in der geistigen Begegnung Zuwendung und eine grenzensetzende Distanz walten zu lassen, drückt er in der Vorrede zu *Goethes Weltanschauung* (1897) aus, wo er gesteht: »So interessant es ist, einem großen Geiste auf seinen Wegen zu folgen; ich möchte jedem nur so weit folgen, als er mich selbst fördert. Denn nicht die Betrachtung, die Erkenntnis, sondern das Leben, die *eigene* Tätigkeit ist das Wertvolle.«

Erster Teil
Voranthroposophische Grundlegung

1. Zur philosophischen Orientierung

Der gebürtige Deutsch-Österreicher Rudolf Steiner — geboren am 25. Februar 1861 in Kraljevec/Ungarn[1] und Absolvent der Landesoberrealschule in Wiener-Neustadt — hatte sich im Herbst 1879 an der Technischen Hochschule in Wien eingeschrieben. Sein Studiengang war von Anfang an breit angelegt. Er erstreckte sich auf naturwissenschaftliche und geisteswissenschaftliche Fächer. An der TH belegte er beispielsweise Mathematik, Physik, Mechanik sowie Geologie, Mineralogie, Biologie und Chemie. Sein Pflichtstudium ergänzte er durch Vorlesungen und Seminare u. a. in Literaturgeschichte und Philosophie. Es war der Germanist Karl Julius Schröer[2], der ihn an die deutsche Klassik, insbesondere an das Werk Goethes, heranführte. Von seiner naturwissenschaftlichen Interessenlage her rückten Goethes *Naturwissenschaftliche Schriften* alsbald in den Mittelpunkt der Studien des angehenden Naturwissenschaftlers.

Einerseits machte sich Steiner mit den herrschenden Theorien Darwins, dann mit denen Ernst Haeckels vertraut. Auch die in den achtziger und neunziger Jahren bekannter werdenden Schriften Friedrich Nietzsches erweckten seine Aufmerksamkeit. Auf der anderen Seite bestimmte der naturforschende Goethe alsbald auf mehrere Jahre hinaus Steiners wichtigstes Arbeitsfeld. Er wurde für ihn schließlich die maßgebliche geistige Autorität. Methodisch anregen ließ sich Steiner durch Goethes »anschauende Urteilskraft« und hinsichtlich der Bildung morphologischer Vorstellungen durch den Gedanken der Metamorphose. Der auch im späteren Steinerschen Schrifttum wiederkehrende Begriff des »Goetheanismus«[3] (goetheanistische Formgebung z.B. in der anthroposophischen Architektur) unterstreicht die allgemeine Gültigkeit dieser frühen Positionsbestimmung. Das gleiche gilt für die Benennung des Zentralbaus der »Anthroposophischen Gesellschaft« in Dornach bei Basel, das »Goetheanum«.

Eine besondere Möglichkeit, sich in das Werk Goethes einzuarbeiten und an die Öffentlichkeit zu treten, bot sich bereits dem erst einundzwanzigjährigen Wiener Studenten. Es war K. J. Schröer, der ihm den Auftrag eines Verlegers vermittelte, Goethes *Naturwissenschaftliche Schriften* einzuleiten, zu kommentieren und im Rahmen einer Klassikerausgabe herauszugeben.[4] Auch Steiners erstes selbständiges Werk, *Grundlinien einer Erkenntnistheorie der Goetheschen Weltanschauung* (1886), resultiert aus dieser Beschäftigung.

Will man sich eine Vorstellung von den Gedanken bilden, die Steiner während der achtziger Jahre, d.h. während seiner Wiener Studienzeit, bestimmten, dann kann man sich — abgesehen von den genannten Schriften — an seine Aussagen halten, die er 1924 niedergelegt hat.[5] Demnach waren es zwei vorherrschende Gedankenkomplexe, die ihn damals in Atem hielten.

Der erste bezog sich auf Goethes Schaffen. Sich und seiner Zeit wollte er die Welt- und Lebensanschauung des Dichters und Forschers verdeutlichen: »Das Voll- und Reinmenschliche schien mir in allem zu walten, was Goethe schaffend, betrachtend und lebend der Welt gegeben hat. Nirgends schien mir in der neueren Zeit die innere Sicherheit, harmonische Geschlossenheit und der Wirklichkeitssinn im Verhältnis zur Welt so sich darzustellen wie bei Goethe.«

Zweitens ging es Steiner um die Erkenntnisfrage (Erkenntnistheorie) als solche. Er meinte, eine Reihe zeitgenössischer Denker (Otto Liebmann, Johannes Volkelt, Eduard von Hartmann) stellten das Erkenntnisgeschehen so dar, daß es gleichsam »in die eigene Wesenheit des Menschen« eingesponnen erschiene. Die Vorstellungen stünden demnach auf der einen, die Realität einer im Grunde fremd bleibenden Welt auf der anderen Seite. Von dieser fremden Welt dringe im Grunde nichts in den Menschen ein. Man sprach daher von »Grenzen der Erkenntnis«: »Überall war das Eingeständnis vorhanden, daß der Mensch in seinem Erkennen an gewisse Grenzen stoße, über die er nicht hinaus in das Gebiet der wahren Wirklichkeit dringen könne« — für den erkenntnisoptimistisch gestimmten Steiner eine nicht akzeptable Vorstellung.

Seinen eigenen erkenntnistheoretischen Ausgangspunkt charakterisiert Steiner in der Vorrede zur Neuauflage der erwähnten *Grundlinien* (1924) daher wie folgt: »All dem gegenüber stand bei mir die innerlich erlebte und im Erleben erkannte Tatsache, daß der Mensch mit seinem Denken, wenn er dies genügend vertieft, in der Weltwirklichkeit als einer geistigen drinnen lebt. Ich vermeinte, diese Erkenntnis als eine solche zu besitzen, die mit der gleichen inneren Klarheit im Bewußtsein stehen kann wie das, was in mathematischer Erkenntnis sich offenbart. Vor dieser Erkenntnis kann die Meinung nicht bestehen, daß es *solche* Erkenntnisgrenzen gäbe, wie die gekennzeichnete Gedankenrichtung sie glaubte festsetzen zu sollen.«

Was nun Naturwissenschaft und Naturphilosophie, etwa eines Ernst Haeckel, anlangt, so ging man im allgemeinen davon aus, daß Entwicklung einen Prozeß darstelle, der sich von Unentwickeltem zu immer stärker differenzierten Objekten des Entwicklungsgeschehens bewege. Steiner, der sich Haeckel für geraume Zeit anschloß[6], empfand es als einen Mangel, daß »das selbständige Sein und Wirken des Geistigen« bei den zeitgenössischen Denkern keine Berücksichtigung erfuhr. Die daraus resultierende

Aufgabe entsprach einem Brückenschlag von dieser Welt der äußeren Realität zu derjenigen des Geistes. Entscheidend wurde ihm die durch Goethes Weltbetrachtung gestützte Einsicht, daß alles Sinnenfällige eine »Offenbarung des Geistes« ist. Geist muß demnach nicht etwa »hinter« den Dingen vermutet werden. Er spricht sich vielmehr »in« den Dingen aus. In den Phänomenen manifestiert sich das Urphänomen. Gefordert ist freilich eine entsprechend qualifizierte Weise des Sehens.

Die Frage nach den (vermeintlichen) Grenzen der Erkenntnis erscheint somit erledigt. Steiner sagte sich:

»So wurde mein Blick auf den Weg von der Sinnesbeobachtung zu dem Geistigen hingelenkt, das mir im inneren erkennenden Erleben feststand. Ich suchte hinter den sinnenfälligen Erscheinungen nicht ungeistige Atomwelten, sondern das Geistige, das sich scheinbar im Innern des Menschen offenbart, das aber in Wirklichkeit den Sinnendingen und Sinnesvorgängen selbst angehört. Es entsteht durch das Verhalten des erkennenden Menschen der Schein, als ob die Gedanken der Dinge im Menschen seien, während sie in Wirklichkeit in den Dingen walten. Der Mensch hat nötig, sie in einem Schein-Erleben von den Dingen abzusondern; im wahren Erkenntnis-Erleben gibt er sie den Dingen wieder zurück.«

Damit hat Steiner den Punkt markiert, an dem er den Weg zu Goethe bzw. zu Goethescher Erkenntnistheorie fand, auch wenn der Weimarer auf eine solche ganz bewußt verzichtet hatte. Steiner nahm sich eben dieser Aufgabe in der erwähnten Erstlingsschrift an. Wie wichtig sie für sein späteres (anthroposophisches) Wirken werden sollte, hat ihr Autor wiederholt hervorgehoben. Von dieser erkenntnistheoretischen Grundlegung und Rechtfertigung sagt er daher (1924) rückblickend: »Sie spricht von einem Wesen des Erkennens, das den Weg freilegt von der sinnenfälligen Welt in eine geistige hinein.« Damit ist der Ausgangspunkt der von Steiner schließlich entwickelten »Geisteswissenschaft«

bezeichnet. Auf einem anderen Blatt steht, daß ihm offensichtlich von Jugend an eine Möglichkeit der übersinnlichen Wahrnehmung gegeben war. Die Kritik der speziellen anthroposophischen Lehrmitteilungen Steiners hätte klarzustellen, wie die philosophische Erkenntnisbemühung in diese Art des Hellsehens eingreift, sie durchdringt, sie gegebenenfalls kontrolliert und sichert.

Nach dieser allgemeinen Orientierung ist auf die Goethesche Erkenntnisart, wie sie für Steiner maßgeblich werden sollte, näher einzugehen. Lange bevor er imstande war, Anthroposophie als eine »übersinnliche Welterkenntnis und Menschenbestimmung« ins Auge zu fassen und auszubilden, erläuterte er (1893) seine Einschätzung Goethes vor dem zeitgenössischen Hintergrund so: »Die Fragen, welche die moderne Naturwissenschaft nicht beantworten kann, sind genau jene, deren Lösung Goethe in einer Weise unternimmt, von der man heute nichts wissen will. Hier eröffnet sich ein Feld, wo Goethes wissenschaftliche Arbeiten in den Dienst der Zeit gestellt werden können. Sie werden sich tüchtig erweisen, wo die gegenwärtige Methode sich ohnmächtig zeigt. Nicht allein darum handelt es sich, Goethe gerecht zu werden und seinen Forschungen in der Geschichte den richtigen Ort anzuweisen, sondern darum, seine Geistesart mit unseren vollkommeneren Mitteln weiter zu pflegen.«[7]

2. Goethes Erkenntnistheorie und Weltanschauung

Als Rudolf Steiner in den frühen achtziger Jahren des 19. Jahrhunderts mit seinen Goethe-Studien begann, die zur Herausgabe der *Naturwissenschaftlichen Schriften* führten bzw. diese begleiteten, hatte er damit zu rechnen, daß Goethes Ansichten bis dahin »nie Ausgangspunkt wissenschaftlicher Untersuchungen, sondern stets nur Vergleichungsobjekt« waren. Nicht »Schüler« beschäftigten sich mit ihm, sondern zu Gericht sitzende »Kritiker«. Darin erblickte er einen Mangel an unbefangener Kenntnisnahme. Einer solchen Unbefangenheit und Vorurteilslosigkeit sprach er die Chance zu, den Intentionen des Dichters und des anschauenden Denkers gerecht zu werden. Indem er sich die Goethesche Weltsicht zu eigen machte und für sein eigenes Schaffen seinen Ausgangspunkt bei Goethe nahm, war er bestrebt, »es mit der Begründung der von uns [d. h. von R. Steiner] vertretenen Ansichten ebenso ernst zu nehmen, wie die Vertreter einer angeblich voraussetzungslosen Wissenschaft. Wir vertreten die Goethesche Weltansicht, aber wir begründen sie den Forderungen der Wissenschaft gemäß.«[8]

Dieses Bestreben, bei seinen Goethe-Studien sich nicht etwa nur durch Sympathie motivieren oder durch einen jugendlichen Enthusiasmus beflügeln zu lassen, ist von Anfang an deutlich. Stets kam es Steiner darauf an, seine Forschungen im Sinne der wissenschaftlichen Nachprüfbarkeit zu gestalten. Dieses Prinzip hatte er insbesondere bei der Ausgestaltung der Anthroposophie als einer »Geistes*wissenschaft*« beizubehalten.

Über seinen Ansatz legt der Autor der Einleitungen in Goethes *Naturwissenschaftlichen Schriften* bereits im einführenden Kapitel Rechenschaft ab. Er verweist auf jenes Wort Goethes, das dieser am 18. August 1787 von Italien aus an Knebel geschrieben hat. Darin heißt es: »Nach dem, was ich bei Neapel, in Sizilien, von Pflanzen und Fischen gesehen habe, würde ich, wenn ich zehn Jahre jünger wäre, sehr versucht sein, eine Reise nach Indien zu machen, *nicht um Neues zu entdecken, sondern um das Entdeckte nach meiner Art anzusehen*«. Steiner hebt in seinem Kommentar das »Eröffnen eines neuen Gesichtspunktes« ausdrücklich hervor. Er tut es in der Überzeugung, auf diese Weise das Wesen des Organischen zu erkennen. Nicht einzelne Wissensdaten geben hierbei den Ausschlag, sondern die das Wesenhafte konstituierende Ganzheit. Mit Blick auf das Goethesche Prinzip der Metamorphose, d. h. auf die durch Wandlungen hindurchgehende Entwicklung von Lebewesen, heißt es bereits an dieser Stelle seiner Einleitung:

»Das Bedeutsame der Pflanzenmetamorphose liegt z. B. nicht in der Entdeckung der einzelnen Tatsache, daß nicht Blatt, Kelch, Krone usw. identische Organe seien, sondern in dem großartigen gedanklichen Aufbau eines lebendigen Ganzen durcheinander wirkender Bildungsgesetze, welcher daraus hervorgeht und der die Einzelheiten, die einzelnen Stufen der Entwicklung aus sich heraus bestimmt. Die Größe dieses Gedankens, den Goethe dann auch auf die Tierwelt auszudehnen suchte, geht einem nur auf, wenn man versucht, sich denselben im Geiste lebendig zu machen, wenn man es unternimmt, ihn nachzudenken. Man wird dann gewahr, daß er die in die *Idee* übersetzte Natur der Pflanze selbst ist, die in unserem Geiste ebenso lebt, wie im Objekt; man bemerkt auch, daß man sich einen Organismus bis in die kleinsten Teile hinein belebt, wenn man ihn nicht als toten, abgeschlossenen Gegenstand, sondern als sich Entwickelndes, Werdendes, als die stetige Unruhe in sich selbst vorstellt.«[9]

Dieser Hinweis Steiners auf die methodische Weise des Vorgehens bei der Ideengestalt des Organischen ist wichtig, weil damit bereits etwas von dem vorweggenommen ist, was er später im Kontext seiner Erkenntnistheorie als die Zusammengehörigkeit von Wahrnehmung und Begriff näher erläutern wird. Es geht hier darum, dem Denken eine »über die Sinnesauffassung hinausgehende Wahrnehmungsfähigkeit« zuzuerkennen. Und so wie die Wahrnehmung auf äußere Objekte trifft, so das Denken auf seine Objekte, nämlich auf die Ideen. Indem sich das Denken der Idee bemächtigt, verschmelze es mit dem »Urgrund des Weltendaseins«. Was von außen an den Betrachter herantritt, das ist nicht allein Objekt der sinnlichen Wahrnehmung, sondern es tritt in den Menschen ein. Es wird zu einem Erkenntnisgeschehen. Mehr noch: »Das Gewahrwerden der Idee in der Wirklichkeit ist die wahre Kommunion des Menschen. Das Denken hat den Ideen gegenüber dieselbe Bedeutung wie das Auge dem Licht, das Ohr dem Ton gegenüber. Es ist Organ der Auffassung.«[10]

Für den jungen Rudolf Steiner ist es charakteristisch, daß er die aus dem Denken und Erkenntnisgeschehen resultierenden Erlebnisse ausdrücklich als Glückserlebnisse bewertet. Dem entspricht die bemerkenswerte autobiographische, in die österreichische Kindheit zurückweisende Mitteilung. Ihr zufolge habe er als Junge von neun oder zehn Jahren zum ersten Mal in bezug auf die Geometrie bewußte Glückserlebnisse gehabt. In den erwähnten Einleitungen zu Goethes Schriften kehrt dieses Motiv wieder, wenn dort der Autor in Erkennen und Tun, in Wollen und Handeln den inneren Grund für die Möglichkeit menschlichen Glücks erblickt. Es liegt Steiner daran zu zeigen, daß dieses Glück nicht durch »irgend eine äußere Macht« angeboten werde. Nicht »irgendein Schöpfer« könne oder dürfe diese Glückserfahrung bereitstellen, sondern einzig und allein der in seinem Denken und Schaffen tätige autonome Mensch. Selbst Rückschläge oder das Scheitern können nicht Hindernis, sondern immer nur Ansporn zu selbständiger Aktivität sein.

So sehen demnach Steiners Ausgangspunkt und herrschende Überzeugung während seiner voranthroposophischen Entwicklungsphase aus. Diese Überzeugung veranlaßt ihn bereits als Goethe-Kommentator zu Äußerungen, die ein Licht auf seine damalige religiös-metaphysische Position werfen. Alle Brücken zu einer traditionellen Frömmigkeit, wie man sie von einem getauften Katholiken erwarten dürfte, sind abgebrochen. Dem naturwissenschaftlich denkenden jungen Mann hat die römische Kirche mit ihrem (seit 1870!) »unfehlbaren« Lehramt im Blick auf die Wahrheit keinerlei Vorgaben zu machen. Denn bei Steiner liest man:

»Mit dem geschenkten Glück ist es wie mit der geoffenbarten Wahrheit. Es ist allein des Menschen würdig, daß er selbst die Wahrheit suche, daß ihn weder Erfahrung noch Offenbarung leite. Wenn das einmal durchgreifend erkannt sein wird, dann haben die Offenbarungsreligionen abgewirtschaftet. Der Mensch wird dann gar nicht mehr wollen, daß sich Gott ihm offenbare oder Segen spende. Er wird durch eigenes Denken erkennen, durch eigene Kraft sein Glück begründen wollen. Ob irgend eine höhere Macht unsere Geschicke zum Guten oder Bösen lenkt, das geht uns nichts an, wir haben uns selbst die Bahn vorzuzeichnen, die wir zu wandeln haben [...].«[11]

Die erhabenste Gottesidee sei demzufolge immer noch die, welche annimmt, daß Gott sich nach der Schöpfung des Menschen ganz von der Welt zurückgezogen und den Menschen sich selbst überlassen habe. Sie entspricht der Einstellung des Deismus oder auch der des prometheisch-unreifen jungen Goethe: »Hast du nicht alles selbst vollendet, heilig' glühend Herz [...]?« Diese Einstellung, die der junge Steiner sich zu eigen macht und enthusiastisch feiert, ist in diesem Zusammenhang deshalb eigens kenntlich zu machen, weil er eine tiefgreifende spirituelle Wandlung zu vollziehen hatte, freilich ohne die durch das Ich repräsentierte Autonomie prinzipiell zu leugnen. In der Menschenkunde Steiners ist dem Ich eine zentrale Stellung zugewiesen. Davon später.

Ausgehend von der Entstehung der Metamorphosenlehre verfolgt Steiner in seinen Einleitungen und Kommentaren die weiteren Elemente der Goetheschen Erkenntnisart. Er skizziert Goethes (bis dahin unformulierte) Erkenntnistheorie und geht auf eine Reihe einzelner Elemente seiner Naturbetrachtung ein, auch im Gegensatz zu anderen Naturanschauungen, etwa zu denen Isaak Newtons.

Was in den fünf kommentierten Bänden der *Naturwissenschaftlichen Schriften* bereits entworfen ist, das wird in den ebenfalls erwähnten *Grundlinien einer Erkenntnistheorie der Goetheschen Weltanschauung* zusammengefaßt. Wesentliche Einsichten, die Steiners weitere Erkenntnisbemühungen um den Dualismus von Wahrnehmung und Denken leiten, sind dort wie folgt niedergelegt:

»Die Wissenschaft durchtränkt die wahrgenommene Wirklichkeit mit den von unserem Denken erfaßten und durchgearbeiteten Begriffen. Sie ergänzt und vertieft das passiv Aufgenommene durch das, was unser Geist selbst durch seine Tätigkeit aus dem Dunkel der bloßen Möglichkeit in das Licht der Wirklichkeit emporgehoben hat. Das setzt voraus, daß die Wahrnehmung der Ergänzung durch den Geist bedarf, daß sie überhaupt kein Endgültiges, Letztes, Abgeschlossenes ist [...]. Das Denken ist ein Organ des Menschen, das bestimmt ist, Höheres zu beobachten als die Sinne bieten. Dem Denken ist jene Seite der Wirklichkeit zugänglich, von der ein bloßes Sinnenwesen nie etwas erfahren würde [...]. Die Wahrnehmung der Sinne liefert nur *eine* Seite der Wirklichkeit. Die *andere* Seite ist die denkende Erfassung der Welt.«[12]

Nach seinem eigenen Geständnis bestimmte Goethes Naturanschauung seit Anfang der achtziger Jahres des vorigen Jahrhunderts Steiners Gedanken während seiner Wiener Studien. Auf dieser Tatsache fußend kann man Goethes *Naturwissenschaftliche Schriften* geradezu als das Fundament von Steiners Gesamtwerk bezeichnen.[13] Welches Gewicht Goethes Schlüsselbegriff, nämlich der der Metamorphose, für Steiner erhalten sollte, wird erst klar, wenn man über dessen voranthroposophische Studien hinausblickt auf die von ihm später geschilderten Stufen einer »höheren« Erkenntnis. Es sind jene, die beim Denken ansetzen und zu den sinnlichkeitsfreien Stufen der Wahrnehmung – zu Imagination, Inspiration und Intuition – aufsteigen. Als Naturforscher habe Goethe diese Schritte noch nicht zu tun vermocht. Anthroposophie beansprucht indes, die aus dem Gedanken der Metamorphose sich ergebenden Konsequenzen zu ziehen. Die hierzu erforderte Erkenntnismethodik hat Steiner – wie noch zu sehen sein wird – als den anthroposophischen Erkenntnisweg aufgezeigt. Auf ihm kommen Sinnesbeobachtung und Denken, das Denkerlebnis als solches zu ihrem Recht. Meditation und Kontemplation werden hinsichtlich einer Bewußtseinssteigerung ausgeübt.

Während das Büchlein der *Grundlinien* 1886 die Presse verließ, erstreckte sich die Edition der *Naturwissenschaftlichen Schriften* im Rahmen der Kürschnerschen Klassikerausgabe auf die Zeit von 1884 bis 1897. Schon nach Erscheinen des ersten Bandes 1884 erhielt Steiner in Fachkreisen anerkennenden Widerhall. Seine Absicht, die akademische Laufbahn einzuschlagen und eine philosophische Professur zu erlangen, scheiterte vor allem aus wirtschaftlichen Gründen. Ohne seine Studien an der Technischen Hochschule in Wien abgeschlossen zu haben, übernahm er im Herbst 1883 eine Hauslehrerstelle in Wien. Dabei konnte er über einige Jahre hinweg mit nachgewiesenem Erfolg praktische pädagogische Erfahrungen sammeln. Andererseits wäre ihm als Absolvent einer Oberrealschule eine Promotion aufgrund der Studienordnung in Österreich verschlossen geblieben. Er mußte sie später auf anderem Weg nachholen.

Der Fortgang der Edition und die Veröffentlichung der *Grundlinien* trugen jedoch dazu bei, daß Steiner als ständiger freier Mitarbeiter zur Herausgabe der sogenannten Sophienausgabe der Werke Goethes ans Goethe und Schiller-Archiv nach Weimar berufen wurde. Die Kürschnersche Ausgabe war zu diesem Zeitpunkt (1890) bis zum dritten Band gediehen. Steiners weiteres Schaffen konzentrierte sich einerseits auf eine gewisse Abrundung seiner Goethe-Studien und den damit verbundenen editorischen Arbeiten. Den literarischen Schlußstein bildete das Buch *Goethes Weltanschauung* (1897). Andererseits betrieb Steiner von Weimar aus seine philosophische Promotion. Diese Bemühungen gipfelten schließlich in der wichtigsten Grundschrift seiner voranthroposophischen Zeit, in *Die Philosophie der Freiheit* (1894).

Doch zunächst noch einige Gesichtspunkte zu *Goethes Weltanschauung*: Der Inhalt dieses Buches entspricht einer nochmaligen Durchsicht der von Goethe gepflegten Anschauungen. Dieses Mal rückt er sie in den Zusammenhang der abendländischen Gedankenentwicklung, wie sie einerseits im Vergleich mit Friedrich Schiller, aber auch in der Konfrontation mit der platonischen Weltanschauung und schließlich im Verhältnis zu Hegel festzustellen sind. Ihm, dem Autor von *Goethes Weltanschauung*, wurde klar: »Will man Goethes Weltanschauung verstehen, so darf man sich nicht damit begnügen, hinzuhorchen, was er selbst in einzelnen Aussprüchen über sie sagt. In kristallklaren, scharf geprägten Sätzen den Kern seines Wesens auszusprechen, lag nicht in seiner Natur [...]. Er hatte eine gewisse Scheu davor, das Lebendige, die Wirklichkeit, in einem durchsichtigen Gedanken festzuhalten.«[14]

Nicht allein die Formulierungen des Weimarer Autors sind von

Belang. Man muß sich an ihn selbst halten, an seine Lebensführung, an sein Verhältnis zur Mitwelt, d. h. an Goethe in seiner Wesensgestalt. Und wenn Steiner Wahrnehmung und Begriff bzw. Erfahrung und Idee als die Erkenntnis konstituierenden Faktoren ansieht, so habe Goethe nur eine einzige Erkenntnisquelle nötig gehabt, nämlich die der Erfahrung, »weil ihm die Idee durch die geistige Erfahrung so vor dem geistigen Auge liegt wie die sinnliche Welt vor dem physischen«[15]. Steiner führt das auf Goethes Vermögen zurück, als anschauender Denker mit den »Augen des Geistes« zu *sehen*, wo Menschen von der Erkenntnisart Schillers auf Gedankenoperationen setzen. Da Goethe und dort Schiller zu begegnen, heißt demnach: zwei unterschiedlichen Typen der Auffassung entgegenzutreten.

In diesem Zusammenhang könnte man sich jenes denkwürdigen Gesprächs der beiden Freunde von Mitte Juli des Jahres 1794 erinnern. Goethe hat es in den *Tag- und Jahresheften* festgehalten, wenn er dort nach einem Vortrag der Jenaer »Naturforschenden Gesellschaft« berichtet:

»Da trug ich die Metamorphose der Pflanzen lebhaft vor und ließ mit manchen charakteristischen Federstrichen eine symbolische Pflanze vor seinen [Schillers] Augen entstehen. Er vernahm und schaute das alles mit großer Teilnahme, mit entschiedener Fassungskraft; als ich aber geendet, schüttelte er den Kopf und sagte: ›Das ist keine Erfahrung, das ist eine Idee.‹ Ich [Goethe] stutzte, verdrießlich einigermaßen, denn der Punkt, der uns trennte, war dadurch aufs strengste bezeichnet; ich nahm mich aber zusammen und versetzte: ›Das kann mir sehr lieb sein, daß ich Ideen habe, ohne es zu wissen, und sie sogar mit Augen sehe‹ [...]. Wenn Schiller das für eine Idee hielt, was ich als Erfahrung aussprach, so mußte doch zwischen beiden irgend etwas Vermittelndes, Bezügliches obwalten.«[16]

In seinem *Lebensgang* kommt Steiner auf diese, die beiden Erkenntnishaltungen herausstellende Begebenheit zu sprechen, wobei er Goethes Sichtweise als eine geistige Erfassung einer

Ganzheit (z. B. der Urpflanze) charakterisiert. Während Schiller an der Begriffsgestalt des Erfahrbaren festhält, nimmt Goethe *in einem* sowohl sinnenhaft wie übersinnlich wahr. Steiner hebt hervor, wie bedeutsam für ihn diese Art der Weltanschauung werden sollte. Für ihn, den Goethe-Interpreten, hat es sich um ein wichtiges Schlüsselerlebnis gehandelt, ging es ihm doch darum, die Kluft zwischen Idee und Erscheinung zu überbrücken, ja geradezu als ein Scheinproblem zu entlarven.

Steiner gesteht: »In der Stimmung, die auf meiner Seele aus solcher Vereinsamung mit Anschauungen lastete, fand ich nur innere Erlösung, indem ich immer wieder das Gespräch las, das Goethe mit Schiller geführt hatte [...]. Es war für mich die Beruhigung eines langen Ringens in der Seele, was mir aus dem Verständnis dieser Goethe-Worte entgegenkam, zu denen ich durchgedrungen zu sein glaubte. Goethes Naturanschauung stellte sich mir als eine geistgemäße vor die Seele.«[17]

Abgesehen von äußeren Veranlassungen, wie sie sich für den Wiener Studenten aus der Begegnung mit seinem Universitätslehrer K. J. Schröer und dem Klassikerherausgeber Joseph Kürschner ergaben, war diese »Entdeckung« für ihn der eigentliche Grund, sich in Goethes *Naturwissenschaftliche Schriften* einzuarbeiten, sodann seine erkenntnistheoretischen Elemente zu erheben und schließlich die Umrisse der Goetheschen Weltanschauung an den Tag zu bringen.

Speziell hinsichtlich der sodann von Steiner zu begründenden Anthroposophie läßt sich daher zusammenfassend sagen: Um das Geistige, Ganze zu finden ist nicht ein äußeres Transzendieren, vielmehr ein Metamorphosieren der Erkenntniskräfte vonnöten. Goethe sprach von »Geistesaugen« und von »Geistesohren«, die ein »anschauendes Denken« ermöglichen. Mit anderen Worten heißt das: Denken ist für Goethe nicht ein Operieren mit abstrakten Begriffen, die in ihrer logischen Eindeutigkeit (weil in sich abgeschlossen) eigentlich tot und nicht mehr entwicklungsfähig sind. An Goethes Metamorphosenlehre ist abzulesen, daß er offensichtlich ein Denken meint, das jene Flexibilität besitzt, die nötig ist, um — z. B. in der Botanik — den Gestaltwandel des Blattes denkerisch anschauend verfolgen zu können. Dieses Denken steht nicht etwa als solches im Widerspruch zur naturwissenschaftlichen Erkenntnis. Es ist eher als eine *Weiter*entwicklung, eben eine Metamorphose des Denkens anzusehen, das eine mechanistisch-positivistische Betrachtung wohl mit Erfolg im Bereich der unorganischen Physik angewandt hat. Beim Verstehen des Lebendigen, mehr noch des Seelischen, aber versagt diese Sichtweise. Hierzu Steiner:

»Man reicht eben mit den bloßen Erkenntniskräften und Erkenntnismöglichkeiten, wie sie in der Naturwissenschaft mit Recht angewendet werden müssen, nicht aus, um das Lebendige oder das Seelische wirklich zu durchdringen, wirklich zu verstehen, und man hat nur die Wahl, entweder rein im Gebiet physikalischer und chemischer Gesetze stehen zu bleiben und dann auf ein Begreifen des Lebens, auf ein Begreifen des Seelischen und Geistigen zu verzichten, oder an ganz andere Erkenntniskräfte zu appellieren, als diejenigen sind, durch welche das rein Naturgemäße, das Physikalische und Chemische namentlich, betrachtet werden kann.« [18]

Man sieht, wie sehr es dem Erforscher des Geistigen darauf ankommen mußte, die *angemessene* Forschungsart zu finden. Deshalb hatte er sich mit dem Gedanken zu befreunden, daß Goethe für ihn zwar unumgänglich ist, jedoch noch nicht das Ziel seiner eigenen Erkenntnisbemühungen sein könne. Das sprach er relativ frühzeitig aus, beispielsweise in einem Brief aus dem Jahr 1891, in dem der ehemalige Hauslehrer seinem Ex-Schüler Richard Specht nach Wien schreibt: »[...] Dort stehenbleiben wollen, wo Goethe stand, ist unsinnig, aber ohne ihn im Leibe zu haben und ohne mit den von ihm in die Welt gesetzten Triebfedern sich ganz durch und durch auszuspannen, ist kein Fortschritt möglich. Das ist ja nicht so schnell zu haben, wie unsere Zeitgenossen gerne möchten, aber der muß es sich schon gefallen lassen, der so unvorsichtig war, am Ende des neunzehnten Jahrhunderts zu leben. Wir dürfen uns den Luxus nicht einmal gestatten, so einfach naiv in die Welt hineinzuleben.«[19]

Der von Steiner schon in den achtziger Jahren apostrophierte, bloß kulturhistorisch verstandene Begriff eines »Goetheanismus« konnte somit nicht genügen. Ihm ging es um einen fortschreitenden und wandlungsfähigen Zukunftsimpuls, wenn er auch später diesen Terminus im Rahmen der anthroposophischen Aktivitäten anwandte.

3. Die Philosophie der Freiheit

Kann Goethes Naturanschauung mit guten Gründen als der eigentliche Ausgangspunkt für das Lebenswerk Rudolf Steiners angesehen werden, so ist darüber das zentrale Thema der Freiheit nicht zu vernachlässigen. Das belegt in besonderer Weise Steiners philosophisches Hauptwerk *Die Philosophie der Freiheit* (1894), von ihm im Stile der Zeit mit dem Untertitel »Grundzüge einer modernen Weltanschauung« versehen, die der Autor als »seelische Beobachtungsresultate nach naturwissenschaftlicher Methode« präsentiert. Was darin als eine Wissenschaft der Freiheit (Teil I) entworfen, als die Wirklichkeit der Freiheit (Teil II) entfaltet ist, bestimmt zumindest ansatzweise schon in den ersten Arbeiten Steiners Denken. Unter veränderten Fragestellungen reicht es — mit entsprechenden Akzentverschiebungen und Zusätzen — ins anthroposophische Spätwerk hinein.

Die vorausgegangene Dissertation[20] intoniert ein »Vorspiel einer Philosophie der Freiheit« (1891/92); so hier der Untertitel. Aber streng genommen wird dieses Thema bereits in der Erstlingsschrift *Grundlinien einer Erkenntnistheorie der Goetheschen Weltanschauung* zum Klingen gebracht. Ausgehend von einem erkenntnistheoretischen Monismus wendet sich Steiner, wie übrigens auch in den Erläuterungen zu Goethes *Naturwissenschaftlichen Schriften*, gegen den Einfluß einer einseitig herausgestellten Kantischen Philosophie. Um diesen Gesichtspunkt an dieser Stelle wenigstens anzudeuten: »Steiner versuchte unter anderem zu zeigen, daß Kants erkenntnistheoretische Grundfrage auf einem axiomatisch behaupteten Dualismus beruht, wonach Erfahrung und Erkenntnis zwei grundsätzlich unvereinbare Komponenten sind. Mit seinem erkenntnistheoretischen Monismus wandte sich Steiner gegen die seit Kant und dem deutschen Idealismus, vor allem aber seit Schopenhauer allgemein gewordene Auffassung der ›Welt als Vorstellung‹.«[21] Von Goethes Naturanschauung her meinte er hierfür den erforderlichen Rückhalt bekommen zu können. Deshalb die lebenslang durchgehaltene hohe Einschätzung Goethes.

Diese *Grundlinien*, gewissermaßen ein philosophischer Begleittext zu den Goethe-Kommentaren Steiners, tendieren bereits zu einer Freiheitsphilosophie und setzen eine individualistische Einstellung voraus. Ihr prinzipieller Erkenntnisoptimismus gipfelt einerseits in der Auffassung von der vollständigen Erkennbarkeit der Welt, sodann in der von der Unabhängigkeit des »freien« Menschen von allen außerhalb der Welt liegenden Prinzipien, seien diese der kategorische Imperativ oder irgendwelche, auf religiöse Offenbarung gegründete theologische Setzungen. Das freie Individuum setzt sich selbst. Es bedarf somit keiner äußeren, von irgendwelchen vorgeordneten Instanzen aufgestellten Normen.

Die Unabhängigkeit dieses sich so verstehenden Individuums ergibt sich gerade daraus, daß es der Arbeitshypothese eines Jenseits nicht zu bedürfen meint. Bereits in den Einleitungen zu Goethes *Naturwissenschaftlichen Schriften* hatte Steiner die Überzeugung vertreten, daß die traditionellen Offenbarungsreligionen »abgewirtschaftet« hätten. Es käme lediglich darauf an, diesen Tatbestand einzusehen und ihm im Kultur- und Geistesleben, den jeweiligen Widerständen zum Trotz, allgemeine Anerkennung zu verschaffen.

Was nun den so gearteten, jeder Bedingung enthobenen Individualismus betrifft, so entnimmt man den *Grundlinien* eine

Reihe von Feststellungen, die ihrerseits einer ethischen Orientierung dienen wollen, einer Ethik des »freien« Menschen:

»Wenn daher ein sittliches Ideal zustande kommt, so ist es die innere Kraft, die im Inhalte desselben liegt, die unser Handeln lenkt. Nicht weil uns ein Ideal als gesetzt gegeben ist, handeln wir nach demselben, sondern weil das Ideal vermöge seines Inhaltes in uns tätig ist, uns leitet. Der Antrieb zum Handeln liegt nicht außer, sondern *in* uns [...]. Das Wollen ist souverän. Es vollführt nur, was als Gedankeninhalt in der menschlichen Persönlichkeit liegt. Der Mensch läßt sich nicht von einer äußeren Macht Gesetze geben, er ist sein eigener Gesetzgeber [...]. Nicht indem der Mensch irgendwelchen Geboten des Weltenlenkers nachforscht, handelt er nach dessen Absichten, sondern indem er nach seinen eigenen Einsichten handelt. Denn in ihnen lebt sich jener Weltenlenker dar.« [22]

Was nun die von der Universität Rostock angenommene Dissertationsschrift anlangt, so lautet ihr ursprünglicher Titel: *Die Grundfrage der Erkenntnistheorie*. Daran schließt sich die Ergänzung an: »mit besonderer Rücksicht auf Fichtes Wissenschaftslehre – Prolegomena zur Verständigung des philosophierenden Bewußtseins mit sich selbst«. Diese Einführung Fichtes ist bei Steiner nicht neu. Wie man seiner Autobiographie entnimmt, bezog er bereits als Oberrealschüler neben Kant die *Wissenschaftslehre* Fichtes sehr frühzeitig in seine philosophische Lektüre ein:

»Ich hatte es mit meiner Kant-Lektüre so weit gebracht, daß ich mir eine, wenn auch unreife Vorstellung von dem Schritte machen konnte, den Fichte über Kant hinaus tun wollte. Aber das interessierte mich nicht allzu stark. Mir kam es damals darauf an, das lebendige Wesen der menschlichen Seele in der Form eines strengen Gedankenbildes auszudrücken. Meine Bemühungen um naturwissenschaftliche Begriffe hatten mich schließlich dazu gebracht, in der Tätigkeit des menschlichen ›Ich‹ den einzig möglichen Ausgangspunkt für eine wahre Erkenntnis zu sehen. Wenn das Ich tätig ist und diese Tätigkeit selbst anschaut, so hat man ein Geistiges in aller Unmittelbarkeit im Bewußtsein, so sagte ich mir. Ich meinte, man müsse nun nur, was man so anschaut, in klaren, überschaubaren Begriffen ausdrücken.«[23]

Noch an anderer Stelle kommt Steiner auf die Rolle zu sprechen, die Fichte in jungen Jahren für seine Erkenntnissuche spielen sollte. In eigenartig mystifizierender Redeweise und die Anonymität wahrend berichtet er in einem internen Vortrag (1913) von einem »Meister«[24], der den Studenten ebenfalls auf Fichte verwiesen habe: »Es bediente sich jene Persönlichkeit [...] eigentlich der Werke Fichtes, um gewisse Betrachtungen daran anzuknüpfen, aus denen sich Dinge ergaben, in welchen doch die Keime zu der ›Geheimwissenschaft‹ gesucht werden könnten, die der Mann [Steiner spricht hier von sich selbst!], der aus dem Knaben geworden ist, später schrieb. Und manches, aus dem die ›Geheimwissenschaft‹ geworden ist, wurde damals in Anknüpfung an Fichtes Sätze erörtert.«[25]

Damit ist ein — freilich nicht völlig geklärter — Punkt angegeben, an dem die voranthroposophische Grundlegung mit dem späteren anthroposophischen Hauptwerk *Geheimwissenschaft im Umriß* (1910), d. h. mit Anthroposophie verbunden erscheint. Auf derartige Verknüpfungen des philosophischen Frühwerks mit seinen späteren Anschauungen legte Steiner großen Wert. Man entnimmt dies den Vor- oder Nachworten, die er Neuauflagen (z. B. von *Die Philosophie der Freiheit*, 1918) seiner philosophischen Schriften hinzugefügt hat und die in den heutigen Editionen innerhalb der Gesamtausgabe der Werke enthalten sind. Entsprechendes gilt für diverse Bezugnahmen in Vorträgen.

Generell ist festzuhalten, daß — wie schon aus den *Grundlinien* ersichtlich — die in der Dissertation und in der Freiheitsschrift niedergelegten Gedanken bereits bei Steiners Beschäftigung mit der Goetheschen Weltanschauung gebildet worden sind.²⁶ In dem Bestreben, das u. a. am Eingang von *Wahrheit und Wissenschaft* artikuliert ist, nämlich »über Kant hinaus« zu müssen, ist der Freiheitsgedanke konzipiert. Ausgangspunkt für *Die Philosophie der Freiheit* ist ein Denken, von dem Steiner sagt, daß es fähig sei, sich selbst beobachten zu können. Dieser Vollzug entspricht einer selbsttätigen Schöpfung, wobei Wahrnehmung und Denken als jenes Tun angesehen werden, mit dem der Mensch der Weltwirklichkeit gegenübertritt und sie schöpferisch in sich aufnimmt. Darauf fußt letztlich der immer wieder formulierte Erkenntnisoptimismus, mit dem sich Steiner dem zeitgenössischen Agnostizismus (etwa dem »Ignoramus ignorabimus« eines Emil Du Bois-Reymond) energisch widersetzt. Es gilt, die vorfindlichen Grenzen der Erkenntnis zu überschreiten und — schließlich — zu »Erkenntnissen der höheren Welten« zu gelangen, nämlich durch Entwicklung und Anwendung einer adäquaten spirituellen Methodik.

Die aus seiner Erkenntnislehre sich ergebenden ethischen Konsequenzen führen Steiner zu einem ethischen Individualismus, der aus Intuitionen schöpft, wie sie »die Idee der Freiheit » (so die markante Überschrift des IX. Kapitels von *Die Philosophie der Freiheit*) freisetzt:

»Das Maßgebende einer intuitiv bestimmten Handlung im konkreten Falle ist das Auffinden der entsprechenden, ganz individuellen Intuition. Auf dieser Stufe der Sittlichkeit kann von allgemeinen Sittlichkeitsbegriffen (Normen, Gesetzen) nur insofern die Rede sein, als sich diese aus der Verallgemeinerung der individuellen Antriebe ergeben [...].²⁷ Der bloße Pflichtbegriff schließt die Freiheit aus, weil er das Individuelle nicht anerkennen will, sondern Unterwerfung des letzteren unter eine allgemeine Norm fordert. Die Freiheit des Handelns ist nur denkbar vom Standpunkte des ethischen Individualismus aus [...].²⁸ *Leben in der Liebe zum Handeln und Lebenlassen im Verständnisse des fremden Wollens* ist die Grundmaxime der freien Menschen. Sie kennen kein anderes Sollen als dasjenige, mit dem sich ihr Wollen in intuitiven Einklang versetzt; wie sie in einem besonderen Falle wollen werden, das wird ihnen ihr Ideenvermögen sagen [...].[29] Die Natur macht aus dem Menschen bloß ein Naturwesen; die Gesellschaft ein gesetzmäßig handelndes; ein freies Wesen kann er nur selbst aus sich machen.«[30]

Steiner mußte erleben, daß sich seine Zeit dem Verständnis einer solchen Freiheitsphilosophie als nicht gerade günstig erwies. Er hatte damit zu rechnen, daß der herrschende Kantianismus gegen ihn auftrat oder ihn schweigend überging. Daß der kleinen Auflage von 1894 erst 1918 eine zweite folgen konnte, rührte nicht allein von geringer Beachtung durch die Fachwelt her.[31] Es ist zugleich ein Indiz dafür, wie wenig sich die spätere theosophische bzw. anthroposophische Anhängerschaft um das Frühwerk ihres Lehrers und damit um die philosophische Grundlegung der Anthroposophie als solche gekümmert hat. Daran hat sich — verständlicherweise — bis heute relativ wenig geändert. Philosophie ist naturgemäß nicht jedermanns Sache. Aber wie verhält es sich mit einer Freiheitsphilosophie bei (anthroposophisch orientierten) Menschen, die unter Berufung auf Rudolf Steiner für ein »freies Geistesleben« plädieren, dieses beispielsweise im schulischen Bereich zu realisieren suchen?

Steiners Erfahrungen, zunächst auf seine Berliner Jahre bezogen, waren ebenfalls wenig zuversichtlich stimmend: »Ja, ich konnte von allem möglichen sprechen [...] — just nicht von Freiheit. Von Freiheit zu sprechen, das erschien als das außerordentlich Gefährliche.« Und angesichts der Zeit nach dem Ersten Weltkrieg, »mit alledem, was heraufzieht«: »Die ›Philosophie der Freiheit‹ begründet in einer freien, geistigen Denkerarbeit eine zwar mit der Naturwissenschaft völlig im Einklang stehende, aber über die Naturwissenschaft eben frei hinausgehende Wissenschaft der Freiheit [...]. Einzig und allein in der strengen inneren Zucht, welche in dem nicht am Gängelbande der Sinne lebenden Denken gefunden werden kann, in wirklich denkerischer Wissenschaft ist dasjenige zu finden, was für das gegenwärtige Zeitalter, das die Freiheit realisieren muß, eben notwendig ist [...].«[32]

Und dann die von Resignation über die anthroposophische Anhängerschaft nicht freie Bemerkung des »Geistesforschers«: »Ich habe es vielleicht manchem schwierig gemacht, die geradlinige Fortsetzung zu finden zwischen den Impulsen, die in der ›Philosophie der Freiheit‹ lagen, und demjenigen, was ich später geschrieben habe und was so genommen worden ist, daß sich die Leute doch außerordentlich schwer bequemt haben [...].[33] Aber dasjenige, was herausgeholt ist aus dem Geiste der Entwickelung der Menschheit, das findet schwer Zugang zu den Herzen und zu den Seelen der Menschen.«[34]

Bleibt nur noch anzumerken, daß sich Steiner insgesamt nicht etwa durch Enttäuschung und Resignation, nicht einmal durch Anzeichen des Scheiterns in seinem Tun beeinträchtigen ließ. Seine Haltung während katastrophaler Vorgänge in Dornach, die sich in seiner letzten Lebenszeit zugetragen haben, bestätigt das.

4. Im Umkreis des individualistischen Anarchismus

Ein Überblick über Steiners voranthroposophische Zeit ist nicht abzuschließen, ohne daß man sich mit den Gedanken und Aktivitäten beschäftigt, die seine Weimarer und Berliner Jahre vor der Jahrhundertwende erfüllt haben. Als freier Mitarbeiter von Wien kommend, wirkte er von 1890 bis 1897 bei der Edition der Sophienausgabe der Werke J. W. von Goethes mit. Redaktionelle und schriftstellerische Aufgaben riefen ihn nach Berlin.[35]

Schon während seiner Weimarer Jahre nutzte Steiner die vielfältigen Möglichkeiten, sich mit dem zeitgenössischen Kultur- und Geistesleben auseinanderzusetzen. Die Philosophie Friedrich Nietzsches trat, beginnend mit der Lektüre von dessen *Jenseits von Gut und Böse*, in seinen Gesichtskreis. Wie auf viele Zeitgenossen und Nachfahren wirkte der »Philosoph mit dem Hammer« auf den in seinen dreißiger Jahren stehenden Rudolf Steiner wie eine beglückende Bestätigung seiner eigenen Anschauungen und Bestrebungen.

An dieser Stelle sei dies wenigstens durch zwei Äußerungen belegt; so heißt es in einer Rezension (1892/93) über Nietzsches Ideen: »Ihr Inhalt erschien mir zumeist nicht neu. Ich hatte ihn in mir schon ausgebildet, bevor ich Nietzsche kennenlernte. Beim Durchgange durch Nietzsches Geist kamen mir aber diese Ideen verzerrt, karikiert vor. Ein an sich gesunder Gedankenfluß mußte sich durch eine Felsenenge durchdrängen, die seinem ruhigen Laufe Gewalt antat. Nietzsche war mir nie ein philosophisches, sondern immer ein psychologisches Problem.«[36]

Und an Weihnachten 1894 ist in einem nach Wien geschriebenen privaten Brief die erstaunliche Mitteilung enthalten: »Ist Ihnen Nietzsches ›Antichrist‹ vor Augen gekommen? Eines der bedeutsamsten Bücher, die seit Jahrhunderten geschrieben worden sind? Ich habe meine eigenen Empfindungen in jedem Satze wiedergefunden. Ich kann vorläufig kein Wort für den Grad der Befriedigung finden, die dieses Werk in mir hervorgerufen hat.«[37]

Gewiß eine »vorläufige« Wertung, die aber ein Licht auf Steiners innere Situation vor der Jahrhundertwende wirft. In seinem manche Fakten harmonisierenden oder auch idealisierenden Lebensrückblick (1924) ist noch etwas von dem Widerstreit spürbar, den die Begegnung mit dem faszinierenden Philosophen einst ausgelöst hat:

»Ich konnte schwer mit Nietzsche zurechtkommen. Ich liebte seinen Stil, ich liebte seine Kühnheit; ich liebte aber durchaus die Art nicht, wie Nietzsche über die tiefsten Probleme sprach, ohne im geistigen Erleben mit der Seele bewußt in sie unterzutauchen. Nur kam mir wieder vor, wie wenn er viele Dinge sagte, die mir selbst im geistigen Erleben unermeßlich nahe standen. Und so fühlte ich mich seinem Kämpfen nahe und empfand, ich müsse einen Ausdruck für dieses Nahestehen finden. Wie einer der tragischsten Menschen der damaligen Gegenwart erschien mir Nietzsche. Und diese Tragik, glaube ich, müsse sich der tiefer angelegten Menschenseele aus dem Charakter der geistigen Verfassung des naturwissenschaftlichen Zeitalters ergeben.«[38]

Diesen Friedrich Nietzsche erlebte und schilderte Steiner in einer gleichnamigen Schrift als einen »Kämpfer gegen seine Zeit« (1895), vor allem als einen solchen, der jede Art von Unterordnung unter eine fremde Macht oder unter einen von außen gegebenen Moralkodex als Schwäche empfindet. Anknüpfend an die Sätze aus *Genealogie der Moral* (3. Abhandlung, 24): »Nichts ist wahr, alles ist erlaubt. Wohlan, das war Freiheit des Geistes [...]«, kommentiert Steiner anerkennend: »Daß diese Sätze die Empfindungen einer vornehmen, einer Herrennatur [sic!] zum Ausdruck bringen, die sich die Erlaubnis, frei, nach ihren *eigenen* Gesetzen zu leben, durch keine Rücksicht auf ewige Wahrheiten und Vorschriften der Moral verkümmern lassen will, fühlen diejenigen Menschen nicht, die, ihrer Art nach, zur Unterwürfigkeit geeignet sind. Eine Persönlichkeit, wie die Nietzsches ist, verträgt auch jene Tyrannen nicht, die in der Form abstrakter Sittengebote auftreten. *Ich* bestimme, wie ich denke, wie ich handeln will, sagt eine solche Natur.«[39]

Keine Frage, es ist »der starke, wahrhaft freie Mensch«, dem Steiner als Autor der *Philosophie der Freiheit* hier zustimmt, indem er sich den Idealen eines individualistischen Anarchismus verschreibt. Der extreme Individualismus eines Max Stirner (*Der Einzige und sein Eigentum*, 1844/45) und dessen mit Steiner befreundeten Parteigängers John Henry Mackay stellten nicht etwa nur Objekte einer kulturkritischen Beobachtung dar. Steiner fühlte sich so sehr mit dem Stirnerschen Gedankengut verbunden, daß er den ersten Teil seiner *Philosophie der Freiheit* J. H. Mackay gegenüber als »den philosophischen Unterbau für die Stirnersche Lebensanschauung« auswies. »Was ich in der zweiten Hälfte als ethische Konsequenz meiner Voraussetzungen entwickle, ist, wie ich glaube, in vollkommener Übereinstimmung mit den Ausführungen des Buches ›Der Einzige und sein Eigentum‹.«[40]

Steiner lag nicht in erster Linie daran, seine eigene Denkungsart mit einem zeittypischen Etikett zu versehen. Aber vor die Frage gestellt, ob das Wort »individualistischer Anarchist« auf ihn anwendbar sei, konnte er nur mit einem »bedingungslosen Ja« antworten. Formuliert wurde es in einem offenen Brief (1898) an J. H. Mackay.

Was aber versteht Steiner zu diesem Zeitpunkt unter einem individualistischen Anarchisten? Seine während der (auslaufenden) Bismarck-Ära gegebene Antwort geht dahin, daß kein Mensch in seiner Wesensentfaltung und Lebensäußerung in irgendeiner Weise behindert werden dürfe. Diesem Grundprinzip eines freien Kultur- und Geisteslebens aber stehe das derzeitige Regime im Wilhelminischen Deutschland entgegen:

»Die Individuen sollen in völlig freiem Konkurrenzkampfe sich zur Geltung bringen. Der gegenwärtige Staat hat keinen Sinn für diesen Konkurrenzkampf. Er hindert das Individuum auf Schritt und Tritt an der Entfaltung seiner Fähigkeiten. Er haßt das Individuum. Er sagt: Ich kann nur einen Menschen gebrauchen, der sich so und so verhält [...]. Der individualistische Anarchist dagegen meint, der beste Zustand käme dann heraus, wenn man den Menschen freie Bahn ließe. Er hat das Vertrauen, daß sie sich selbst zurechtfänden. Er glaubt natürlich nicht, daß es übermorgen keine Taschendiebe mehr gäbe, wenn man morgen den Staat abschaffen würde. Aber er weiß, daß man nicht durch Autorität und Gewalt die Menschen zur Freiheit erziehen kann. Er weiß dies eine: man macht den unabhängigen Menschen dadurch den Weg frei, daß man jegliche Gewalt und Autorität aufhebt.«[41]

So nahe es liegt, die Frage des staatlichen Gewaltmonopols zu diskutieren, es ist ein anderes Moment, das Steiner auf der Basis seiner *Philosophie der Freiheit* hier zumindest andeutet, nämlich das der *Erziehung*. Lange bevor er eine konkrete Chance sah, durch eine Schulgründung (Waldorfpädagogik) junge Menschen in Freiheit, vor allem zur Freiheit zu erziehen, bewegte er seine Gedanken in diese Richtung. Auch zögerte er nicht, das zu diesem Zeitpunkt bereits praktisch Machbare in Angriff zu nehmen, indem er sich in den Jahren um 1900 bestimmten Formen einer freien Bildungsarbeit widmete.

Neben der über einige Jahre sich erstreckenden Herausgabe

des »Magazins der Literatur« und anderen publizistischen Arbeiten sowie weiteren Vortragsverpflichtungen in monistischen Kreisen (Giordano Bruno-Bund) nahm Steiner in Berlin die Möglichkeit wahr, eine Lehrtätigkeit an der von dem Sozialdemokraten Wilhelm Liebknecht begründeten Arbeiterbildungsschule zu übernehmen. Er unterrichtete Geschichte und bot der dort sich versammelnden Arbeiterschaft Redeübungen an: »Mich interessierte zunächst der sozialistische Zusammenhang, in dem die Schule stand, wenig. Ich sah die schöne Aufgabe vor mir, gereifte Männer und Frauen aus dem Arbeiterstande zu belehren. Denn junge Leute waren wenige unter den ›Schülern‹. Ich erklärte dem Vorstande, wenn ich den Unterricht übernähme, so würde ich ganz nach meiner Meinung von dem Entwicklungsgange der Menschheit Geschichte vortragen, nicht in dem Stil, wie das nach dem Marxismus jetzt in sozialdemokratischen Kreisen üblich sei. Man blieb dabei, meinen Unterricht zu wünschen.«[42]

Zweifellos regte die neue Aufgabenstellung den auf radikalen Individualismus setzenden Anarchisten Rudolf Steiner dazu an, seine diesbezüglichen Anschauungen mit Rücksicht auf seine proletarischen Zuhörer zu modifizieren. Ihm selbst war die Chance geboten, sich in deren Mentalität und Problemstellung einzuleben:

»Die Arbeiter bekamen auf diese Art Vorstellungen von den Erkenntnisfähigkeiten, den religiösen, den künstlerischen, den sittlichen Triebkräften in der Geschichte und kamen davon ab, diese nur als ›Ideologie‹ anzusehen. Dabei polemisch gegen den Materialismus zu werden, hätte gar keinen Sinn gehabt; ich mußte aus dem Materialismus heraus den Idealismus erstehen lassen [...]. Die ›Führer‹ der Arbeiterschaft bekümmerten sich zunächst gar nicht um die Schule. Und so hatte ich völlig freie Hand. Schwieriger wurde für mich die Sache, als zu dem geschichtlichen Unterricht der naturwissenschaftliche hinzuwuchs [...].«[43]

Die Generalversammlung der Arbeiterbildungsschule konnte sich erwartungsgemäß »zwar mit der Auffassung des Herrn Dr. Steiner über den historischen Materialismus nicht einverstanden erklären, gibt aber ihrer Überzeugung dahin Ausdruck, daß er nach wie vor das Vertrauen der Schüler besitzt und in den Kursen der Schule weiter als Lehrer fungieren kann«[44]. Und Rosa Luxemburg bestätigt Steiner brieflich: »Von Ihren Erfolgen in der Arbeiterbildung höre ich immer von Zeit zu Zeit.«[45]

Alles in allem fielen die verschiedenen Aktivitäten Rudolf Steiners im Umkreis eines ethischen Individualismus und Anarchismus in die Zeit einer tiefen persönlichen Krise. In ihr hatte er nach einer Neuorientierung Ausschau zu halten, die sein Schaffen, nicht zuletzt seine wirtschaftliche Existenzgrundlage als »freier« Schriftsteller auf eine tragfähige Basis stellte, ohne daß er die bisher verfolgten Ideale in wesentlichen Punkten preisgeben mußte.

Zweiter Teil
Anthroposophisch orientierte Geisteswissenschaft

1. Biographischer Zwischenbericht

Fragen der Erkenntnis bestimmten das Leben Rudolf Steiners seit früher Jugendzeit. Seine Biographie *Mein Lebensgang* liest sich daher über weite Strecken als ein Bericht fortschreitender Erkenntnisbemühungen. Sie reichen von dem Glückserlebnisse auslösenden Umgang mit der Geometrie als Schüler bis hin zu differenzierten übersinnlichen Erfahrungen und Einsichten, die schließlich den gedanklichen Auf- und Ausbau der Anthroposophie ermöglicht haben. Diese versteht sich in erster Linie als ein Erkenntnisweg, »der das Geistige im Menschenwesen zum Geistigen im Weltall führen möchte«.

Oder (1921 in einem öffentlichen Vortrag) in populärer Form ausgedrückt: »Anthroposophie will nicht nach Erbauung in mystischen Wolkenkuckucksheimen bedürftige Menschen zu einer Weltfremdheit führen. Anthroposophische Geisteswissenschaft will so zu der Wirklichkeit übersinnlicher Welten führen, daß der Mensch den Geist ergreift, um praktisch in das materielle Leben einzugreifen. Er muß das, weil er dessen bedarf zu seiner Lebenssicherheit, wegen seiner notwendigen Berührung mit übersinnlichen Welten, mit dem Ewigen in seiner Natur, heute aber auch besonders zur Lösung jener schweren Zeitfragen, in die wir in unserer katastrophalen Zeit hineingestellt sind.« [46]

Daß man im Denken leben könne, daß man das Denken *erleben* könne, erschien ihm als »der in den physischen Menschen hereinstrahlende Abglanz dessen, was die Seele in der geistigen Welt erlebt. Gedanken-Erleben war mir das Dasein in einer

Wirklichkeit, an die als an einer durch und durch erlebten sich kein Zweifel heranwagen konnte [...]. Die Sicherheit, mit der man philosophiert, wenn man von Gedanke zu Gedanke fortschreitet, zog mich an.«[47] Von daher rührte auch Steiners besondere Wertschätzung der Mathematik als einer grundlegenden Disziplin, weil sie eine Sicherheit verschafft, ohne äußerer, sinnlicher Beweise zu bedürfen. Auf dieser Grundlage konnte Steiner den Versuch wagen, einen »Seelenweg zu dem Geist« zu beschreiben. Er versteht darunter eine Bemühung, die einer Erweckung und Erhellung des Bewußtseins entspricht, indem sie von abstrakten Gedanken zu einem geistigen Schauen geleitet.

Von ihm sagt er: »Die geistige Schauung nimmt den Geist wahr wie die Sinne die Natur; aber sie steht mit dem Denken der geistigen Wahrnehmung nicht ferne, wie das gewöhnliche Bewußtsein mit *seinem* Denken der Sinneswahrnehmung, sondern sie denkt, indem sie das Geistige erlebt, und sie erlebt, indem sie die erwachte Geistigkeit im Menschen zum Denken bringt. Eine geistige Schauung stellte sich mir vor die Seele hin, die nicht auf einem dunklen mystischen Gefühle beruhte. Sie verlief vielmehr in einer geistigen Betätigung, die an Durchsichtigkeit dem mathematischen Denken sich voll vergleichen ließ.«[48]

Wie wir bereits sehen konnten, wurde die Art, in der Goethe die Phänomene der Natur betrachtete und in ihnen — mit den Augen des Geistes — jeweils Ur-Phänomene aufleuchten sah, für Rudolf Steiner zu einem entscheidenden Schlüsselerlebnis. Nach seinem eigenen Zeugnis kam bei ihm noch eine wichtige schicksalhafte Begabung hinzu, die Gabe einer übersinnlichen Beobachtungsfähigkeit. Diese »Naturgabe« bedurfte einer Sublimierung, einer Durchlichtung vom Ich-Bewußtsein her, um zuverlässige Wahrnehmungen zu produzieren. Was Steiners geistiges Schauvermögen betrifft, so ist schon an dieser Stelle darauf aufmerksam zu machen, daß alle Formen eines atavistischen

Hellsehens, d.h. aus den unterbewußten Seelenregionen aufsteigende Bilder für ihn nicht in Frage kamen. Deshalb seine strikte Ablehnung von Spiritismus und Mediumismus. (Nicht zu bagatellisieren ist indes das Problem, wo von »über«-bewußter Geistesforschung gesprochen werden darf und wann lediglich unkontrollierte Erscheinungen des Unbewußten vorliegen!)

Seine naturwissenschaftliche Ausbildung und seine daran anschließenden erkenntnistheoretischen Studien setzte er in der Weise ein, daß sie ihm bei der Klärung seiner speziellen, an die geistige Welt gerichteten Erkenntnisfragen dienen konnten. Erkennen bedeutete für ihn »das Wiederfinden der durch die Seele erlebten Geistes-Inhalte in der wahrgenommenen Welt«. Wer ihm von Erkenntnisgrenzen sprach, von dem nahm er an, daß er »die wahre Wirklichkeit nicht geistig in sich erleben und sie deshalb auch in der wahrgenommenen Welt nicht wiederfinden könne«.[49]

Für Steiner ergaben sich im Hinblick auf seine Mitwelt weitere Probleme, insofern er sich mit seiner Anschauung vom Geistigen gegenüber seinen Zeitgenossen als isoliert und vereinsamt empfand. Wessen er inne wurde, das war verständlicherweise etwas Individuell-Esoterisches (d.h. wörtlich: etwas Inneres, Unveräußerliches). Daher rührt sein Geständnis: »Ich mußte, was mit meinen Anschauungen vom Geistigen zusammenhing, ganz allein mit mir abmachen. Ich lebte in der geistigen Welt; niemand aus meinem Bekanntenkreise folgte mir dahin. Mein Verkehr bestand in Exkursionen in die Welten der andern.«[50]

Wie aus seinen autobiographischen Schilderungen, aus dem Briefwechsel und aus Memoiren von Zeitgenossen hervorgeht, war Steiner ein durchaus geselliger Mensch. Aber davon abgesehen, konnte er sich nicht mit dem subjektiven Erleben des Geistigen zufrieden geben. Er entwickelte das Bedürfnis zu zeigen, wie im subjektiv Erlebten das Geistige aufleuchtet und zum beschreibbaren Bewußtseinsinhalt werden kann. Bei zeitgenössischen Denkern von der Art eines Eduard von Hartmann fand Steiner wohl Interesse an seinen philosophischen Bemühungen. Das adäquate Verständnis konnte jener ihm jedoch nicht entgegenbringen. Selbst die Interpretation der naturwissenschaftlichen Forschungen Goethes traf, bei anfänglicher Beachtung, nur auf ein bedingtes Verstehen.

Rückblickend betrachtet, lassen sich Steiners philosophische Anstrengungen während der achtziger und neunziger Jahre des 19. Jahrhunderts als Versuche ansehen, ideelle Fundamente für eine »Wissenschaft vom Geist« zu legen. Ohne Kompromisse ging das nicht ab. Solche bestanden darin, daß der werdende »Geistesforscher« von Fall zu Fall in die sich darbietenden Anschauungen anderer »untertauchen« mußte, um — gewissermaßen vom Standort der Betreffenden aus — Verständnis für sein eigentliches Anliegen zu erwecken. Einmal spricht Steiner davon, daß er geradezu »in die Haut des Drachens« habe hineinschlüpfen müssen. Gemeint war damit die materialistisch geprägte Denkungsweise in der zeitgenössischen Naturwissenschaft. Auch die weitgehende Identifikation mit dem Monismus eines Ernst Haeckel oder dem radikalen Individualismus eines Max Stirner, J. H. Mackay und anderer hatte ein solches »Untertauchen« nahegelegt, ja nötig gemacht. Während seiner ersten Berliner Zeit, also kurz vor der Jahrhundertwende, findet man Steiner in Kreisen der literarischen und künstlerischen Bohème.[51] Wirtschaftlich gesehen ist er mit ernsten Existenzsorgen belastet.

Unsichtbar für seine Mitwelt vollzog sich ein inneres Ringen, von dem er im *Lebensgang* einiges berichtet. Das betraf nicht allein den mit dem Anarchismus zusammenhängenden Fragenkomplex. Aber ein solcher Aspekt ist durch die Mitteilung berührt, die im Zusammenhang einer tiefgehenden »geistigen Prüfung« zu sehen sein wird: » Damals nun, um 1898 herum, sollte meine Seele mit dem rein ethischen Individualismus in eine

Art Abgrund gerissen werden. Er sollte aus einem rein-menschlich Innerlichen zu etwas Äußerlichem gemacht werden. Das Esoterische sollte ins Exoterische abgelenkt werden.«[52] Was damit im einzelnen konkret gemeint ist, verrät der Autobiograph nicht. »Ein inneres Bewegtsein, das alle meine Seelenkräfte in Wogen und Wollen brachte, war damals mein inneres Erlebnis.«[53] Steiner spricht wiederholt von einer »Seelenprüfung«, die er in jenen Jahren, das heißt zur Zeit seiner Lebensmitte, also vor Vollendung des vierzigsten Lebensjahres, bestehen mußte.

Diese Krise in seiner Lebensmitte äußerte sich für Rudolf Steiner in einer doppelten Weise: einmal darin, daß er in Fachkreisen, bei Naturwissenschaftlern im Hinblick auf Goethe, bei Philosophen im Hinblick auf eine im weitesten Wortsinn gefaßte »Philosophie der Freiheit«, auf Unverständnis gestoßen war. Daraus resultierte für ihn die immer wieder bewegte Frage: »Muß man verstummen?« Ist es aussichtslos und ohne jede Perspektive, angesichts des bevorstehenden Jahrhundertbeginns geistgetragene Impulse ins allgemeine kulturelle Leben einfließen zu lassen?

Der andere Brennpunkt dieser Krise war im engeren Sinn des Wortes spiritueller Natur und bezog sich auf Steiners Stellung zum Christentum. Die eingangs erwähnten, in Aufsätzen und in Buchveröffentlichungen niedergelegten Äußerungen des jungen Rudolf Steiner unterstrichen die Tatsache seiner entschiedenen Ablehnung religiöser Tradition, jeglicher Offenbarung, insbesondere der Ablehnung des kirchlichen Christentums. Diese Art der Religiosität habe »abgewirtschaftet«. Ein heute noch fortwirkender Schöpfergott sei eines »freien« Menschen nicht würdig. Steiner war später bestrebt, der Radikalität seines damaligen »Atheismus« die Spitze zu nehmen, sie jedenfalls zu relativieren. Im *Lebensgang* will er nur eine Version gelten lassen, wonach seinerzeit nicht das Christentum als solches, sondern nur eine gewisse Erscheinungsform des Christlichen von ihm abgelehnt worden sei:

»Ich hatte, wenn ich in dieser Zeit das Wort ›Christentum‹ schrieb, die Jenseitslehre im Sinne, die in den christlichen Bekenntnissen wirkte. Aller Inhalt des religiösen Erlebens verwies auf eine Geistwelt, die für den Menschen in der Entfaltung seiner Geisteskräfte nicht zu erreichen sein soll. Was Religion zu sagen habe, was sie als sittliche Gebote zu geben hat, stammt aus Offenbarungen, die von außen zum Menschen kommen. Dagegen wendete sich meine Geistesanschauung, die die Geistwelt genau wie die sinnenfällige im Wahrnehmbaren am Menschen und in der Natur erleben wollte. Dagegen wendete sich auch mein ethischer Individualismus, der das sittliche Leben nicht von außen durch Gebote gehalten, sondern aus der Entfaltung des seelisch-geistigen Menschenwesens, in dem das Göttliche lebt, hervorgehen lassen wollte.«[54]

Steiner bekennt sich gleichwohl zu der »starken Prüfung« und zu den »harten Seelenkämpfen«, die er »im Anschauen *des* Christentums« [sic!] habe bestehen müssen. Er führt sie auf karmische Zusammenhänge zurück, also auf schicksalhafte Notwendigkeiten. Ihm wurde darüber klar, daß er in dieser Prüfungszeit nur weiterkommen konnte, »wenn ich mit meiner Geist-Anschauung die Entwickelung des Christentums mir vor die Seele rückte«[55]. Das Resultat dieser inneren Vergegenwärtigung des Christusereignisses ließ in ihm etwas aufkeimen, was sich um die Wende zum 20. Jahrhundert immer mehr entfalten sollte. Seiner Angabe zufolge ereignete sich in ihm schon vor dieser Jahrhundertwende, was Steiner in formelhafter Kürze so ausgedrückt hat: »Auf das geistige Gestanden-Haben vor dem Mysterium von Golgatha in innerster, ernstester Erkenntnis-Feier kam es bei meiner Seelen-Entwickelung an.«[56]

Steiner, der in seinen autobiographischen Schilderungen so großen Wert darauf legt, sich in seinem Leben »nicht sonderlich verändert« zu haben[57], bringt durch eben diese Feststellung deutlich zum Ausdruck, welch tiefgreifende Wende dieses innere, d. h. esoterische bzw. mystische Golgatha-Ereignis für sein weiteres Leben und Wirken zur Folge gehabt hat.[58]

Wenngleich das Ereignis der inneren Wende im Leben Steiners nicht exakt zu datieren ist, so lassen sich doch Wirkungen angeben, die literarisch zu fassen sind. Am markantesten sind in dieser Hinsicht zweifellos die Vortragszyklen, die quasi auf der Schwelle des neuen Jahrhunderts von ihm gehalten worden sind und die sich — gleichsam schlaglichtartig — mit dem Christus-Ereignis beschäftigen. In den Büchern *Die Mystik im Aufgange des neuzeitlichen Geisteslebens* (1901) und mehr noch in *Das Christentum als mystische Tatsache und die Mysterien des Altertums* (1902) wird das neue Thema behandelt. Es geschieht, wie sich verstehen läßt, zum Erstaunen derer, die bis dahin einen ganz anderen Rudolf Steiner gekannt haben: der Künstler und Literaten, der Leser seiner philosophischen und monistischen Schriften, auch der Teilnehmer an den Kursen der Arbeiterbildungsschule in Berlin. Nach seinen bisherigen Veröffentlichungen wäre dergleichen nicht zu erwarten gewesen. Sollte er seine bisherigen Grundanschauungen und Überzeugungen verabschiedet haben? Der Eindruck konnte da und dort entstehen.

Unmittelbar vorausgegangen sind Äußerungen, die man bei dem Goethe-Forscher Rudolf Steiner bis dahin nicht zu Gehör bzw. zu Gesicht bekommen hat. Bis in die neunziger Jahre hinein hatten Arbeiten zu Goethes Erkenntnistheorie sowie zu seiner Weltanschauung eine Rolle gespielt. Jetzt wandte Steiner sich der Esoterik im literarischen Werk zu, einer Esoterik, wie sie im »Märchen von der grünen Schlange und der Lilie« sowie in die *Faust*-Dichtung eingewoben ist. Der Interpret des Goetheschen Metamorphosen-Gedankens hat selbst eine tiefgreifende Wandlung vollzogen.

Ihm schwebte vor, daß die Jahrhundertwende »ein neues geistiges Licht« der Menschheit bringen müsse. Um hierzu einen Beitrag zu leisten, bot sich ein äußerer Anlaß an: »Der Wille, das Esoterische, das in mir lebte, zur öffentlichen Darstellung zu bringen, drängte mich dazu, zum 28. August 1899, also zu Goethes hundertfünfzigstem Geburtstag, im ›Magazin‹ einen Aufsatz über Goethes Märchen von der ›grünen Schlange und der schönen Lilie‹ unter dem Titel ›Goethes geheime Offenbarung‹ zu schreiben. Dieser Aufsatz ist ja allerdings noch wenig esoterisch. Aber mehr, als ich gab, konnte ich meinem Publikum nicht zumuten. In meiner Seele lebte der Inhalt des Märchens als ein durchaus esoterischer. Und aus einer esoterischen Stimmung sind die Ausführungen geschrieben.«[59]

Diese zu Beginn der zwanziger Jahre geschriebenen Sätze bekommen eine andere Färbung, wenn man Steiners innere Situation um 1900 zu rekonstruieren sucht. Nicht allein Rücksicht auf eine noch unvorbereitete Leserschaft war zu nehmen. Steiner selbst war zur fraglichen Zeit offenbar noch nicht so weit, bedenkt man, aus welchen »Seelenkämpfen« heraus die neue Wirklichkeitssicht gewonnen werden mußte. Wohl hatte ihn das Märchen seit einer Reihe von Jahren beschäftigt. Er konnte sich aber lange nicht dazu entschließen, die spirituellen Wurzeln dieser Dichtung freizulegen.

Auch in seinem 1897 erschienenen Buch über *Goethes Weltanschauung* sucht man vergebens nach entsprechenden Bezugnahmen. Steiner gesteht: »Ich hatte das Bedürfnis, die Überzeugung von ihrer Richtigkeit [gemeint ist sein anfänglicher Deutungsversuch] in mir durch längere Zeit reifen zu lassen. Sie hat sich bis heute nur befestigt.«[60] Das entspricht dem Stand von 1899.

Es bedurfte also eines individuellen Reifungsprozesses, um Goethes Rätselmärchen hinsichtlich seines Sinngehaltes entschlüsseln zu können. Und auch das konnte vorerst nicht mehr als ein Anfang sein. In seiner kleinen Schrift *Goethes Geistesart*[61] sind dann drei Aufsätze, die sowohl das Märchen als auch den *Faust* jeweils als »Bild seiner [Goethes] esoterischen Weltanschauung« zusammenfassen. Bemerkenswert ist, wie Steiner hier ästhetische

Betrachtung und esoterisches Innewerden aufeinander bezieht. (Unnötig zu sagen, daß mit »Esoterik« nichts Geheimnistuerisches gemeint ist; Goethe geht es um »das *offenbare* Geheimnis«.) So ist für Steiner Goethes *Faust* zunächst ein Kunstwerk, eine Phantasieschöpfung. »Wir rechneten es uns als einen Mangel an, wenn wir diesen künstlerischen Wert nicht empfinden könnten. Aber glaubet nur nicht, daß wir keine Sinne haben für die Schönheit der Lilie, weil wir zu dem Geist aufsteigen, den sie uns offenbart; glaubet nicht, daß wir ohne Auge sind für das Bild, das ›im höheren Sinne‹ für uns, wie ›alles Vergängliche‹, nur ein ›Gleichnis‹ ist.«[62]

Steiner hält es mit Goethe, der am 25. Januar 1827 im Gespräch mit Eckermann bemerkt hat: »Aber doch ist alles [im *Faust*] sinnlich und wird, auf dem Theater gedacht, jedem gut in die Augen fallen. Und mehr habe ich nicht gewollt. Wenn es nur so ist, daß die Menge der Zuschauer Freude an der *Erscheinung* hat [...].« Das spielt sich auf der Bühne ab und ist als Ereignis des Schönen faßbar, wie es »die Menge« verlangen kann. Doch Goethe fährt ergänzend fort: »[...] dem Eingeweihten wird zugleich der höhere Sinn nicht entgehen«. Das heißt doch: In, mit und unter der sinnenhaft schönen Erscheinung manifestiert sich noch ein Weiteres, eben die Dimension des Esoterischen. Hierzu hat man die »Augen des Geistes« nötig.

»Es ist die Perspektive, die sich nicht mehr in der äußeren Welt allein erschließen kann; die vielmehr nur eröffnet wird, wenn der Mensch in die eigene Seele hinuntersteigt, so daß in immer tieferen Regionen des Bewußtseins ihm immer höhere Geheimnisse offenbar werden. Dann erhält die Welt der Sinne und die des Verstandes eine neue Bedeutung. Sie wird zum ›Gleichnis‹ des Ewigen. Der Mensch sieht ein, daß er den Bund zwischen der Außenwelt und der eigenen Seele inniger schließen muß [...].[63] Der zweite Teil von Goethes Faust stellt eine Erweckung dar, die Geburt des ›höheren Menschen‹ aus den Tiefen der Seele [...]. Wer die Entwicklung der echten mystischen Erkenntnis sich angeeignet hat, der liest vieles von dieser in dem Goetheschen Faust.«[64]

Steiners Hinweis auf »das mystische Stirb und Werde«, auf die mystische Erkenntnis, wie sie insbesondere durch Jakob Böhme[65] artikuliert worden ist und offensichtlich auch in Goethe gelebt hat, zeigt, in welchem großen Zusammenhang er »Goethes Geistesart« bzw. Goethes Esoterik gesehen hat. Steiner war nun so weit, die Schöpfungen Goethes als einen »Vorhof der Esoterik«[66] aufzufassen — für ihn, den »Geistesforscher«, in diesem Augenblick ein Ereignis von großer Tragweite, zumal eine schicksalhafte Begegnung hinzutrat, die den restlichen zweieinhalb Jahrzehnten seines Lebens Inhalt und Bestimmung geben sollte: Die während der Lebensmitte-Krise immer wieder erwogene bange Frage »Muß man verstummen?« erhielt eine überraschende Antwort. Sie kam von einer Seite her, an die Steiner nicht gedacht haben wird, nämlich von der Seite sogenannter »Theosophen«. Es war noch nicht lange her, daß er sich kritisch ablehnend, ja geringschätzig über diese sich teils vom Westen, teils vom asiatischen Osten her ausbreitende Bewegung der »Theosophical Society« geäußert hatte.

Diese auf das russische Medium Helena Petrovna Blavatsky (1831-1891) zurückgehende, seinerzeit von der Engländerin Annie Besant (1847-1933) geleitete Bewegung, hatte auch im deutschen Sprachbereich nach und nach eine Reihe von kleineren Zirkeln gebildet. Österreichische Freunde Steiners waren Theosophen geworden. So war er nicht völlig uninformiert, als er zu ihren Zusammenkünften eingeladen wurde.

In Berlin gab es eine »Theosophische Bibliothek«. Man kam zu Vorträgen und Gesprächen zusammen. Im Herbst 1900 trug Rudolf Steiner dort eine Rede über Friedrich Nietzsche vor. In einem zweiten Vortrag sprach er dann über Goethes »Märchen«.

Die Reaktion war die, daß die theosophischen Veranstalter, das Ehepaar Cay Graf und Gräfin Brockdorff, Steiner zu mehrteiligen Vortragszyklen verpflichteten. Und Steiner war seinerseits dazu bereit, weil er die für ihn entscheidende Beobachtung machen konnte: Hier fanden sich Menschen zusammen, die das hören wollten, was er zu sagen hatte. Es handelte sich um eine an Goethe, am mitteleuropäischen Geistesleben des Idealismus und am Christentum orientierte Esoterik, die er zu bieten hatte. Deshalb legte Steiner von Anfang an den größten Wert auf die Feststellung, von der in diesen Zirkeln vertretenen anglo-indischen Theosophie geistig unabhängig zu sein und auch unabhängig bleiben zu wollen.

»Niemand blieb im unklaren darüber, daß ich in der theosophischen Gesellschaft nur die Ergebnisse meines eigenen forschenden Schauens vorbringen werde. Denn ich sprach es bei jeder in Betracht kommenden Gelegenheit aus. Und als in Berlin im Beisein von Annie Besant die ›Deutsche Sektion der Theosophischen Gesellschaft‹ begründet und ich zu deren Generalsekretär gewählt wurde, da mußte ich von den Gründungssitzungen weggehen, weil ich einen der Vorträge vor einem nichttheosophischen Publikum zu halten hatte, in denen ich den geistigen Werdegang der Menschheit behandelt und bei denen ich im Titel: ›Eine Anthroposophie‹ ausdrücklich hinzugefügt hatte. Auch Annie Besant wußte, daß ich, was ich über die Geistwelt zu sagen hatte, damals unter diesem Titel in Vorträgen vorbrachte.«[67]

Die Problematik dieser Verbindung konnte nicht lange verborgen bleiben. Zu groß waren die internen Spannungen: dort die vielen Anleihen bei den Religionen und Okkultismen des Ostens, bei Steiner der konsequent durchgeführte Versuch, an die christlich-theosophische Tradition des Westens anzuknüpfen. Dennoch bemühte er sich als Generalsekretär der deutschen Sektion dieser »Theosophical Society« um loyale Zusammenarbeit mit den Anglo-Indischen. Die Übernahme der Sanskrit-Termini und anderer theosophischer Begriffe suchte diesen Verständigungswillen auszudrücken. Die Erstausgaben seiner »anthroposophischen« Bücher belegen dies. Wenn es zutraf, daß Steiner ein Christus-Erlebnis hatte, das für ihn eine grundsätzliche Lebenswende bedeutete, dann mußte sich dies eines Tages zeigen.

Dieser Tag kam, als — zehn Jahre nach Übernahme des Leitungsamtes — ein Hindu-Junge, Jiddu Krishnamurti (1895-1986), als Weltenlehrer und reinkarnierter Christus ausgerufen wurde. Der Generalsekretär der »Theosophischen Gesellschaft« Deutschlands, Rudolf Steiner, gründete daraufhin am 28. Dezember 1912 die »Anthroposophische Gesellschaft«.[68] Das offizielle Ende der deutschen Sektion erfolgte durch den von Annie Besant verfügten Ausschluß Steiners und seiner Anhänger am 7. März 1913. Damit war auch in organisatorischer Hinsicht die volle Eigenständigkeit der nunmehr im Zeichen der Anthroposophie arbeitenden und sich konsolidierenden Bewegung hervorgehoben. Steiner fungierte als ihr spiritueller Lehrer, ohne im eigentlichen Sinne Mitglied zu sein. Während die Aufbauarbeit nach innen — in Theoriebildung und Schulung — und nach außen — durch Mitgliederzuwachs und Öffentlichkeitswirkung — Fortschritte machte, entstanden neue Spannungen.

Zehn Jahre nach ihrer Begründung hatte Steiner zu entscheiden, ob die innergesellschaftlichen Unvereinbarkeiten aufgefangen werden können oder ob er sich von der »Anthroposophischen Gesellschaft« würde trennen müssen. Er entschloß sich zu einer Neukonstituierung im Jahre 1923 (»Weihnachtstagung«), indem er versuchte, die ausufernde, auf vielen kulturellen Ebenen initiativ werdende anthroposophische Bewegung in der neuen »Allgemeinen Anthroposophischen Gesellschaft«

zusammenzufassen. Sein Unternehmen scheiterte jedoch, wie die über mehrere Jahrzehnte sich ausdehnenden Querelen innerhalb dieser Gesellschaft zeigen sollten.

Dennoch ist festzustellen: Der von Rudolf Steiner auf vielen Gebieten ins Werk gesetzte Kulturimpuls hat sich im internationalen Maßstab als lebensfähig erwiesen. Das zeigt die inzwischen eingetretene weltweite Verbreitung anthroposophischer Aktivitäten. Doch darauf ist noch gesondert einzugehen.

2. Von der Theosophie zur Anthroposophie

In Distanz zu Spiritismus und Mediumismus

Wie aus dem biographischen Zwischenbericht ersichtlich, war Steiners Verbindung mit der »Theosophischen Gesellschaft« von vornherein mit mancherlei Problemen belastet. Zum einen rührten sie daher, daß Anhänger und Außenstehende sich nicht immer darüber im klaren waren, auf welchen geistigen Grundlagen die von Steiner betriebene »Geisteswissenschaft« fußte. Seine philosophischen Grundaussagen waren nur einem kleinen Kreis von erkenntnistheoretisch interessierten Lesern der genannten Veröffentlichungen zugänglich.

Andererseits war bekannt, daß ein Teil der Mitglieder in der 1875 gegründeten »Theosophischen Gesellschaft« der gerade in Mode gekommenen spiritistischen Bewegung anhing. Wer hier von »Geist« sprach, meinte allzuoft die Kundgaben gewisser »Geister« (spirits). Die Gründerin, H. P. Blavatsky, hatte durch überaus sensationelle mediumistische Phänomene von sich reden gemacht. Gleichzeitig kamen Vorwürfe über betrügerische Machenschaften auf. Hatten der Spiritismus und Spiritualismus dem vor 1900 herrschenden vulgären Materialismus einen heftigen Stoß versetzt, so schienen diverse »Enthüllungen« dem Materialismus und Skeptizismus wiederum eine gewisse Rechtfertigung zu liefern.

Madame Blavatsky hatte sich auf sogenannte »Meister« des Ostens berufen. Auf diese führte sie ihr erstaunliches okkultes, auch literarisches Wissen sowie ihr paranormales Können zurück. Tatsächlich war es auch bei kritischer Betrachtung mehr als ungewöhnlich, daß eine nicht sonderlich gebildete Frau mittleren Alters in der Lage war, binnen weniger Jahre so voluminöse Werke wie *Die entschleierte Isis* (*Isis Unveiled*, 1877) und *Die Geheimlehre* (*Secret Doctrine*, 1888) abzufassen.[69]

Auch wenn Steiner auf die geschilderte, ganz anders geartete Erkenntnisarbeit verweisen konnte, mußte es doch viele irritieren, wenn er als der erwählte, von Annie Besant und deren Anhang anerkannte geistige Lehrer der deutschen Theosophen plötzlich anfing, ebenfalls von dem Willen und der Führung der »Meister« zu sprechen, als sei er in ähnlicher Weise von ihnen abhängig wie die von ihm teils zustimmend, teils kritisch beurteilte H. P. Blavatsky.[70] Keine Frage, Steiner mußte den größten Wert darauf legen, hinsichtlich der Inspirationsquellen für seine Lehrmitteilungen auf eigenen Füßen zu stehen. So zunächst eine Feststellung: »Die spiritualistisch-spiritistische Bewegung wird bei ihren Anhängern das Bewußtsein hervorrufen, daß es eine geistige Welt gibt. In diesem Bestreben sind sich Theosophie und Spiritismus einig. Aber die Methode, dieses Ziel zu erreichen, ist eine andere.«[71]

Sollte es sich hier lediglich um eine Methodenfrage handeln? Müßte bei der Charakterisierung von Spiritismus bzw. Spiritualismus und der von Steiner vertretenen Theosophie bzw. Anthroposophie nicht tiefer angesetzt werden? Auch in seinen frühen Vorträgen zur angeschnittenen Frage (etwa 1903/04) hebt Steiner grundlegende Unterschiede hervor, wenn er beispielsweise betont:

»Wir müssen die Dinge, welche an uns herantreten, mit klarem Bewußtsein und Verstand erfassen. Nicht zu willenlosen Werkzeugen dürfen wir uns machen, auch nicht der geistigen Mächte, denn diese könnten dann mit uns alles Mögliche treiben [...]. Die Einsicht, daß der Mensch nur unter Aufrechterhaltung seines vollen, freien Selbstbestimmungsrechtes mit den geistigen Wesenheiten in Beziehung treten sollte, gewinnt bei den führenden Spiritualisten immer mehr Platz, und es dürfte nur noch eine Frage der Zeit sein, daß die andere, von den Theosophen gepflegte Methode der Geistesforschung auch von den Spiritisten adoptiert werden wird [...]. Werkzeuge sind beide, der theosophische Schüler und das spiritistische Medium; aber willenlos ist nur das spiritistische Medium.«[72]

Aber auch die Geistesart als solche verlangte eine deutliche Bestimmung. Der Philosoph Nikolaj Berdjajew, der als Vertreter einer abendländisch-christlichen Theosophie jener anglo-indischen Spielart seiner Landmännin H. B. Blavatsky ablehnend gegenüberstand, bekannte sich wohl zu der »jahrtausendealten okkultistischen Tradition«, gab aber abgrenzend zu bedenken:

»Die theosophischen Strömungen, die sich den breiten Massen zuwenden, machen okkultistische Lehren, besonders die orientalischen Lehren populär. Der orientalisch-indische Okkultismus hat sich als der populärste und gangbarste erwiesen. Das materialistische Europa, das vom Glauben an Christus abgefallen ist, nimmt am leichtesten den orientalischen Spiritualismus auf und sucht ihn mit seiner Wissenschaft auszusöhnen. So eigenartig und furchtbar es klingt – aber dem christlichen Europa scheint das Christentum für das zeitgenössische Bewußtsein fremder und weniger annehmbar zu sein als der Buddhismus. Die Popularisierung der okkulten Lehren hat aber eine gewaltige symptomatische Bedeutung für unsere Zeit [...]. Für viele ist die ›Theosophie‹ ein Weg vom Materialismus und Positivismus weg zu geistigem Leben [...]. Diese Form des okkultistischen Bewußtseins, die in der theosophischen Lehre popularisiert wird, muß als in religiösem Sinne reaktionär, rückwärts gerichtet und dem Schöpfertum feindlich betrachtet werden [...].«[73]

Berdjajew hebt damit auf eine immer wieder, so auch in der Gegenwart, zu beobachtende retardierende Tendenz ab. Sie besteht eben darin, daß man zu Seelen- und Geisteshaltungen zurückstrebt, die bewußtseinsgeschichtlich gesehen längst überwunden sein müßten und auch um spiritueller Ideale willen nicht aufgewärmt werden sollten. Auch Steiner sprach sich in einem zukunftsorientierten Sinne aus, obwohl Anthroposophie ältere Geistestraditionen des Ostens wie des Westens respektiert. Wiewohl die persönlich-sachliche Beziehung zwischen Steiner und Berdjajew nicht ungetrübt war[74], sah sich Steiner mehr und mehr dazu veranlaßt, die Verwurzelung der Anthroposophie in den abendländisch-christlichen Überlieferungen der westlichen Mystik und der ihr entwachsenen Theosophie darzulegen. Deshalb wird man deutlich unterscheiden müssen, ob es sich um Anknüpfungen (um der geistigen Kontinuität willen) oder um Anleihen handelt.

Christliche Mystik und Theosophie

Abgesehen von Steiners Hinweisen auf esoterische Elemente im dichterischen Schaffen Goethes, in dessen *Faust*- und Märchen-Dichtung, sollte bereits der erste in der »Theosophischen Bibliothek« gehaltene Vortragszyklus sowie sein darauf fußendes erstes »theosophisches« Buch mit aller Deutlichkeit klar machen, wes Geistes Kind der »Theosoph« Rudolf Steiner wirklich ist. Schon der Buchtitel ist in dieser Hinsicht signifikant: *Die Mystik im Aufgange des neuzeitlichen Geisteslebens und ihr Verhältnis zur modernen Weltanschauung* (1901). Der Autor wollte keine Geschichte der deutschen Mystik schreiben. Aber etwas von der »Wesensart der mittelalterlichen Mystik« habe er darstellen wollen. Es könne unter Anführung wichtiger Repräsentanten einer spirituellen Strömung der Vergangenheit gezeigt werden, »daß auch die gegenwärtige Naturforschung einer mystischen Vertiefung fähig ist«[75].

Herausgestellt sind hierbei prominente Figuren des mittelalterlichen und frühneuzeitlichen Geisteslebens, an ihrer Spitze Meister Eckhart, dann die Bewegung der Gottesfreunde und Nikolaus von Kues (Cusanus), Agrippa von Nettesheim und Paracelsus, dann Valentin Weigel und Jakob Böhme, schließlich Giordano Bruno und Angelus Silesius. Wie man sieht, ist der Begriff der »Mystik« ziemlich weit gefaßt. Vergebens sucht man jedoch die Namen von Blavatsky, Besant, Leadbeater oder anderer anglo-indischer Theosophen. Und das mit Recht!

Sehr viel wichtiger ist dem Autor ein anderer, schon im Buchtitel anklingender Gesichtspunkt: nämlich »daß man ein treuer Bekenner der naturwissenschaftlichen Weltanschauung sein und doch die Wege nach der Seele aufsuchen kann, welche die richtig verstandene Mystik führt. Ich gehe sogar noch weiter und sage: Nur wer den Geist im Sinne der wahren Mystik erkennt, kann ein volles Verständnis der Tatsachen in der Natur gewinnen. Man darf wahre Mystik nur nicht verwechseln mit dem ›Mystizismus‹ verworrener Köpfe.«[76]

Ein Hinweis auf seine vorausgegangene *Philosophie der Freiheit* tut an dieser Stelle ein übriges. In späteren Jahren wird Steiner seine Intentionen bisweilen als Beiträge zu einer »Erweiterung« eines bestimmten Erkenntnisgebiets (z. B. der Medizin) kenntlich machen. Dieses Anliegen kommt auch hier zum Tragen, wenn er betont, »völlig auf dem Boden der Naturwissenschaft« zu stehen, aber darüber hinausweisend — man könnte sagen: den geistigen Horizont erweiternd — spirituelle Erfahrungen eines Eckhart oder eines Jakob Böhme zur Geltung zu bringen. Diese Sichtweise läßt ihn sodann die Überzeugung aussprechen:

»Es liegt kein Widerspruch darin, sich mit den Erkenntnisse der neueren Naturwissenschaft zu durchdringen und gleichzeitig den Weg zu betreten, den Jakob Böhme und Angelus Silesius zum Geiste gesucht haben.

Wer sich auf diesen Weg im Sinne dieser Denker begibt, der darf nicht fürchten, in flachen Materialismus zu verfallen, wenn er die Geheimnisse der Natur sich von einer ›natürlichen Schöpfungsgeschichte‹ darstellen läßt. Wer meine Gedanken in diesem Sinne auffaßt, der versteht mit mir in gleicher Weise den letzten Spruch des ›Cherubinischen Wandersmannes‹, in den auch diese Schrift ausklingen soll: ›Freund es ist auch genug. Im Fall du mehr willst lesen, so geh und werde selbst die Schrift und selbst das Wesen.‹«[77]

Wenn man dem Protokollbuch der »Theosophical Society« bzw. den Aufzeichnungen ihres ersten Präsidenten Henry Steel Olcott entnimmt, auf welche beinahe zufällige Weise die Selbstbezeichnungen »Theosophie« und »Theosophische Gesellschaft« gefunden worden sind[78], dann wundert man sich nicht über die einigermaßen vage Definition dessen, was unter »Theosophie« 1875 und später verstanden worden ist. Jedenfalls konnte man nicht erwarten, daß jenes anglo-indische Mischgebilde eine aus dem Christentum erwachsene, abendländische Geistigkeit und Philosophie begründende Spiritualität als Ausgangsbasis nahm. Worin besteht sie also, die ursprüngliche Theosophie, wenn man nach einer Urteilsgrundlage für das Steinersche Werk sucht?

Theosophie — wörtlich: Gottesweisheit — hat es in der Christenheit immer gegeben, seit den Tagen der Apostel und des Neuen Testaments. Johannes und Paulus können als deren maßgebliche Repräsentanten angesehen werden. Es handelt sich um einen spirituellen Strom, der sich vom Urchristentum her bis in die Gegenwart erstreckt, auch wenn die theosophische Strömung in Zeiten einer Geistverschlossenheit und einer »Gottesfinsternis« (M. Buber) in Vergessenheit geriet.

Mit dieser Theosophie gibt es ein Erkenntnis-Christentum, weil der Glaube (pistis) von daher gesehen niemals »blinder« Glaube, sondern seinem Wesen nach immer ein erkenntnisgetragener, sehender, schauender Glaube ist. Erkenntnis (gnosis), die mit einem äußeren, etwa theologischen Wissen nicht verwechselt werden darf, ist nach dem Verständnis des Johannesevangeliums Inbegriff des »ewigen Lebens« (Joh. 17,3). Solche Gnosis verbürgt ewiges Leben und damit Teilhabe an dem Christus-Geist zum Beispiel der Ich-Bin-Worte des Johannesevangeliums. Oder um es mit den Worten des Theologen Adolf Köberle zu sagen:

»Da im Neuen Testament, besonders im Kolosser-Brief (Kap. 2,3), Christus als die Quelle aller Weisheit bezeichnet wird, aus der die christliche Gemeinde ihre Einsicht gewinnen soll und nicht von den Weltelementen her, war von diesem Ansatz aus die Möglichkeit zur Entfaltung einer christlichen Theosophie durchaus gegeben [...]. Die Theosophie ist von dem Verlangen erfüllt, die religiöse bzw. christliche Überzeugung nicht nur lebensmäßig zum Ausdruck zu bringen, sondern auch nach der Seite der Erkenntnis hin so weit wie möglich auszubauen. Die Theosophie begnügt sich nicht mit dem, was Philosophie, Metaphysik und Theologie über Gott, Welt und Mensch auszusagen wagen, man will vom Glauben aus zu höheren Formen der Wahrheitsschau aufsteigen.«[79]

Wer nach dem Erkenntnisbegriff fragt, der die Vertreter einer christlichen Theosophie leitet, der wird auf »Theosophia« (sophia tou theou), die Weisheit selbst verwiesen, wie sie bereits in den alttestamentlichen Sprüchen Salomonis (Kap. 8,22) als Gehilfin und Werkmeisterin an der Seite des Schöpfergottes geschildert wird. Diesem kosmisch-präkosmischen Aspekt ist der menschenkundliche hinzuzufügen. Denn, so schreibt der schwäbische Theosoph Friedrich Christoph Oetinger (18. Jahrhundert) in seiner Einführung ins Werk Jakob Böhmes: »Die Hauptsache aber ist das Geheimnis von der *Sophia in uns*, Christus in uns [...].« Nichts ist daher wichtiger, als daß ein Weisheitsliebender, ein Theosoph, gewisse Stufen des Erkennens durchschreitet und nicht etwa »zuviel Zeit zubringt, einen einzigen Teil der Welt mit dem Mikroskop zu besehen«, er soll zu einer Ganzheitsschau gelangen, die offen bleibt für den »künftigen Äon«.[80]

Es läßt sich nun eine Christus-Sophia-Linie aufzeigen, die von Paulus und Johannes über die frühchristliche Gnosis, über die großen alexandrinischen Esoteriker Clemens und Origenes, über den durch das ganze Mittelalter hindurch einflußreichen (Pseudo-)Dionysius Areopagita bis zu den christlichen Theosophen der Ostkirche, aber auch der nachreformatorischen Zeit verläuft. Es ist die Linie eines breit sich entfaltenden esoterischen Christentums[81]; eine Linie, die keinesfalls immer »gerade«, d. h. ihrem Ausgangs- und Zielpunkt gemäß verlaufen ist. Manche, bisweilen erhebliche Kurskorrekturen waren und sind an den einzelnen Ausgestaltungen vorzunehmen.

In dieser christlichen Theosophie geht es immer darum, Weltall, Erde und Mensch von Christus her ebenso erkennend, gestaltend, umgestaltend zu umfassen, wie es zur Aufgabe des Menschen gehört — im Sinne des Paulus-Wortes —, in staunender Verehrung und Hingabe in die »Tiefen der Gottheit« (I. Kor. 2,10) einzudringen. Es ist nun bemerkenswert, daß es insbesondere die Vertreter dieser Theosophie gewesen sind, die sich stets um eine Geist und Materie integrierende Ganzheitsschau bemüht haben und den »unus mundus«, die *eine* Welt, »wie oben so unten«, etwa wie Paracelsus (16. Jahrhundert), zu erfassen suchten, sowohl vom »Licht der Natur« (lumen naturae) als auch vom »Licht der Gnade« (lumen gratiae) erleuchtet.

Ohne die geistesgeschichtlich wichtigen Zwischenglieder einzeln aufzuführen[82], seien vor anderen genannt: Jakob Böhme (1575-1624), Johann Valentin Andreae (1586-1654), Friedrich Christoph Oetinger (1702-1782, Louis-Claude des Saint Martin (1743-1803) und Franz von Baader (1765-1841). Auf sie haben die Geistesverwandten der Folgezeit, nicht zuletzt Goethe und die sogenannten Goetheanisten, ebenso Hegel und mehr noch Schelling und eine Reihe der Romantiker aufgebaut — so auch Rudolf Steiner, er nicht nur beiläufig, sondern mit ganz besonderer Intensität.

Die geistige Strömung, in die er sich hineinstellte, sucht den Menschen als geistiges Wesen, den Kosmos als geistig-physischen Organismus zu verstehen und in der Natur- wie in der Geistesforschung für das jeweilige Gebiet adäquate Methoden zu entwickeln. Steiner hat an vielen Stellen seines Werks auf die Fülle der durch den Goetheanismus gegebenen Anstöße, freilich auch auf den noch recht fragmentarischen Charakter seiner Vorläufer aufmerksam gemacht.[83]

Was nun seine Abgrenzung gegenüber der anglo-indischen Theosophie betrifft, so hat er es auch als deren deutscher Generalsekretär an einer deutlichen Positionsbestimmung nicht fehlen lassen. Nicht allein vor der deutschen Mitgliedschaft, sondern auch bei internationalen Zusammenkünften der »Theosophical Society«. Als Beispiel läßt sich Steiners Vortrag über »Theosophie in Deutschland vor hundert Jahren« anläßlich der Jahrestagung der Föderation theosophischer Sektionen in Europa anführen. In diesem Zusammenhang sprach Steiner von den spirituellen »Unterströmungen«, wie sie sowohl deutsche Mystiker, sodann Männer wie Paracelsus, Jakob Böhme, Angelus Silesius und andere repräsentieren. Auf Goethes Schaffen bezogen: »Man könnte sagen, daß, ihm selbst unbewußt, die Jakob Böhme und Angelus Silesius die Feder führten.«[84] Oder im Blick auf Schiller und das künstlerische Schaffen:

»Was nämlich als spirituelle Anschauung in die Verborgenheit eingetreten ist, das kam als künstlerisches Leben in dieser Periode deutschen Geisteslebens zum Vorschein [...]. Der Dogmatiker des Okkultismus wird vielleicht auch in diesen ›Briefen‹ [über die ästhetische Erziehung des Menschen] nichts finden als die geistvollen Spekulationen eines feinen künstlerischen Kopfes. In Wirklichkeit herrscht aber in ihnen das Bestreben, die Anleitung zu einem andern Bewußtseinszustande zu geben, als es der gewöhnliche ist. Eine Etappe auf dem Wege zu dem ›höheren Selbst‹ soll geschildert werden [...].«⁸⁵

Damit ist auf den anthroposophischen Erkenntnisweg angespielt, den aufzuzeigen Steiner als seine vornehmliche Aufgabe angesehen hat. Von diesem Weg ist in Grundzügen noch gesondert zu sprechen. Bemerkenswert im angegebenen Zusammenhang ist zweifellos die Tatsache, daß die von ihm vertretene Theosophie von Anfang an als eine Anthroposophie aufgefaßt wurde, die ohne eine Begründung im Spirituellen wie im Philosophischen gar nicht zu denken ist. Mit der bloßen Übernahme irgendwelcher geistig-religiöser Inhalte der westlichen oder der östlichen Traditionen wäre nichts gewonnen. So findet man in jenem Pariser Vortrag entsprechende Bezugnahmen auf die idealistische Philosophie, speziell auf den von Steiner mehrfach angeführten Johann Gottlieb Fichte und dessen Ich-Begriff. Dazu führt er aus:

»Die Anschauung des eigenen Selbst im Sinne Fichtes ist deshalb so bedeutsam, weil in bezug auf dieses ›Selbst‹ der Mensch überhaupt *ohne* allen Gedankeninhalt bleibt, wenn er sich einen solchen nicht von innen heraus gibt. Für den ganzen übrigen Weltinhalt, für alles Wahrnehmen, Empfinden, Wollen und so weiter, welche den Inhalt des gewöhnlichen Daseins ausmachen, erfüllt die Außenwelt den Menschen. [...] Die Erkenntnis ›Ich bin‹ kann daher niemals etwas anderes sein als des Menschen intimstes Innen-Erlebnis [...]. Man kann durch das Ich-Erlebnis, wie es Fichte darstellt, den Typus aller okkulten Erlebnisse zunächst auf rein gedanklichem Gebiet kennenlernen. Es ist daher richtig gesprochen, wenn man sagt, daß mit dem ›Ich bin‹ der Gott in dem Menschen zu sprechen beginnt. Und nur weil das in rein gedanklicher Form geschieht, wollen es so viele Menschen nicht anerkennen.«⁸⁶

Daraus ergibt sich die entscheidende Distanz zwischen den auf medialem Wege passiv empfangenen »Einsichten« und der in gedanklicher Disziplin seelenaktiv errungenen Erkenntnis, die jeweils ein waches Ich voraussetzt.

Zur Evolution von Erde und Mensch

Aus dem bisher Gesagten ergibt sich ein Zweifaches: zum einen die für jede Erkenntnis konstitutive Bedeutung des Ich, verstanden als die geistig-personale Wesensmitte des Menschen; zum anderen, daß Steiner nicht auf die Übernahme bereits vorgedachter, dogmatisch verbindlicher Lehren setzen konnte, seien es solche der kirchlichen Überlieferung oder der theosophischen Vorstellungen, wie sie ihm Rahmen der sich so nennenden »Theosophischen Gesellschaft« gebildet worden waren. Daß sich Steiner mit der vorhandenen Literatur von H. P. Blavatsky und anderen bekannt machen mußte, versteht sich von selbst, bis zu einem gewissen Grade verständlich ist aber auch die anfängliche Übernahme und Anwendung der anglo-indischen theosophischen Terminologie. Das änderte sich gegen Ende des ersten Jahrzehnts, d. h. um 1911/12.

Was nun den Kosmos und den Menschen betrifft, so hat Steiner überaus differenzierte Schilderungen von geistigen Entwicklungsprozessen geboten, die Erde und Mensch durchlaufen haben und die beiden noch bevorstehen sollen. Mit seinen einschlägigen Darstellungen[87], die freilich vielfach an jene der theosophischen Autoren erinnern, setzte er sich von den zeitüblichen der Naturwissenschaft deutlich ab. Steiner berief sich auf die Fähigkeit, in der »Akasha-Chronik« lesen zu können. Gemeint ist eine Art Weltgedächtnis, in dem alle historischen und prähistorischen Ereignisse gespeichert erscheinen.

Die Kritik verweist nachdrücklich auf die Nichtnachprüfbarkeit der vom »Geistesforscher« vorgetragenen Schilderungen, während Steiner erwidert: Wer die Fähigkeit der übersinnlichen Wahrnehmung in entsprechender Weise entwickelt habe, könne sich selbst ein Bild machen; andererseits können die einmal erforschten »übersinnlichen Tatsachen« denkend eingesehen und verifiziert werden. Beidem will die anthroposophische Schulung dienen. Es ist kein Geheimnis, daß die Steinerschen Lehrmitteilungen als »Fakten« im Grunde nur ihm zugänglich waren bzw. gewesen sein sollen. Vereinfacht ausgedrückt, man muß(te) ihm glauben — für eine Geistes*wissenschaft* eine eigenartige Situation! Was sollte dann seine angesichts solcher und ähnlicher Phänomene bei Vorträgen immer wieder erhobene Forderung: »Ich appelliere in der Zeit des Intellektualismus nicht an Ihren Autoritätsglauben, sondern an Ihre intellektuelle Prüfung [...]. Ich fordere Sie auf, mir diese Dinge nicht zu glauben, sondern sie zu prüfen [...]«?[88] Oder: »Durch den gesunden Menschenverstand können alle diese Sachen geprüft werden. Glauben Sie mir auf Autorität hin gar nichts, sondern betrachten Sie alles, was ich sage, nur als Anregung und prüfen Sie dann selbst [...].«[89] Wie jedermann einsichtig, hält sich die Möglichkeit der intellektuellen Nachprüfbarkeit okkulter Daten in engen Grenzen!

Auf einen einfachen Nenner gebracht, hatte die Erde bis zu ihrer heutigen Erscheinungsform verschiedene Entwicklungsstufen durchzumachen:

»Mit den Mitteln des Hellsehers kann man drei Hauptstufen dieser Menschheitsentwickelung verfolgen, welche durchlaufen worden sind, bevor die Bildung der Erde erfolgt ist und dieser Weltkörper der Schauplatz jener Entwickelung geworden ist. Man hat es also gegenwärtig mit der vierten Stufe im großen Weltenleben des Menschen zu tun [...]. Der Mensch war vorhanden, bevor es eine Erde gegeben hat. Doch darf man sich nicht vorstellen [...], daß er etwa vorher auf anderen Planeten gelebt habe und in einem gewissen Zeitpunkte auf die Erde gewandert sei. Diese Erde selbst hat sich vielmehr mit dem Menschen entwickelt.«[90]

Die Rede ist von insgesamt sieben planetarischen Verkörperungen der Erde, in deren Zusammenhang der Mensch als Typus seine Physis und sein Bewußtsein entwickelt. Diese sieben, durch Planetennamen bezeichneten Verkörperungen sind die Zustände von Saturn, Sonne, Mond, Erde, Jupiter, Venus und Vulkan.

Entsprach das Bewußtsein während des Saturnzustandes einem tiefen Trance- oder Allbewußtsein und entspricht der jetzige Erdzustand dem geläufigen Wachsein bzw. Gegenstandsbewußtsein, so wird sich im Vulkanzustand in fernster Zukunft ein hochentwickeltes spirituelles Bewußtsein eröffnen. Zwischen den einzelnen planetarischen Verkörperungen gibt es Phasen der Ruhe (Pralaya-Phasen). Diese noch weiter auszuführende Grundstruktur der Entwicklung übernahm Steiner offensichtlich doch von den anglo-indischen Theosophen. In späteren Vorträgen und Veröffentlichungen spielen diese Anschauungen eine weit geringere Rolle als vor 1912/13.

Größere Aufmerksamkeit wird indes den sieben Erdzeitaltern und den sieben irdischen Kulturepochen geschenkt. Die sieben Zeitalter (früher auch »Wurzelrassen« genannt, obwohl der biologische Rassebegriff nicht anzuwenden ist) sind die polarische Epoche, die hyperboräische Epoche, die lemurische Epoche, die atlantische Epoche und drei nachatlantische Epochen.

Die erwähnten sieben Kulturepochen (früher »Unterrassen« genannt) sind in die derzeitige erste nachatlantische Epoche eingegliedert. Wiederum ist es die erste nachatlantische Kulturepoche, in der wir leben. Unter Anwendung des platonischen Sonnenjahrs (ca. 2100 irdische Sonnenjahre als ein platonischer Monat) lassen sich nunmehr Jahresangaben machen, die jeweils nur als Annäherungswerte anzusehen sind. Es sind dies:

1. Erste nachatlantische Kultur   7227 v. Chr. - 5067 v. Chr.
   = urindische Kultur
2. Urpersische Kultur   5067 v. Chr. - 2907 v. Chr.
3. Ägyptisch-chaldäische Kultur   2907 v. Chr. - 747 v. Chr.
4. Griechisch-lateinische Kultur 747 v. Chr. - 1413 n. Chr.
5. Fünfte nachatlantische Kultur 1413 - 3573

Es folgen zwei weitere künftige Kulturen mit analogen Zeitabständen. Nach Steiner entspricht jede der sieben Kulturepochen der Zeit, die der Frühlingspunkt braucht (Präzession), um den von einem Tierkreiszeichen bestimmten Zeitraum, also 2160 Jahre, zu durchlaufen.

Zur Menschenkunde

Wie aus dem Gesagten ersichtlich, ist die Entwicklung des Menschen in den Werdensprozeß des Planeten Erde eingebettet. Daraus ergibt sich, daß der Mensch in der Steinerschen Perspektive erst nach und nach die ihm heute zugehörigen Wesensglieder entwickelt hat. Wenn Steiner als einstiger Gefolgsmann von Ernst Haeckel auch nicht einfach die darwinistische Deszendenztheorie kopiert hat, so hat er deren Bedeutung stets gewürdigt. Aber der Mensch ist nicht etwa Nachkomme der Primaten; diese lassen sich eher als Ableger einer Frühform des Menschlichen ansehen.

Wichtiger als die damit zusammenhängenden Erwägungen und Spekulationen ist die menschliche Gliederung, in der das Ich das eigentliche und dominierende, zur Reifung und Vervollkommnung bestimmte Wesensglied darstellt. Dieses Ich wird eingehüllt und getragen von anderen Wesensgliedern, die sein Leben, sein seelisches Empfinden und schließlich seine physische Basis ausmachen. Entscheidend ist, daß dieser derart verkörperte

Mensch nicht nur der bleibt, als der er anlagegemäß in Erscheinung tritt, sondern daß er einer Entwicklungstendenz in seelischgeistiger Hinsicht folgt.

Bei der Entfaltung seiner menschenkundlichen Vorstellungen hat Steiner nach und nach verschiedene Gesichtspunkte zur Geltung gebracht. Bleiben wir zunächst bei dem erwähnten viergliedrigen Modell: Dessen materielle Basis ist der physische Leib. Mit ihm hat der Mensch an der materiellen Welt teil. Diesem physischen Leib fehlen noch alle Lebensäußerungen und darauf basierenden Empfindungen.

Von *Lebens*erscheinungen kann aber logischerweise nur dort gesprochen werden, wo nicht nur physikalisch-chemische Strukturen vorliegen, sondern wo darüber hinaus jene Dynamik waltet, die wir Leben nennen. Stoffwechsel, Wachstum, Gestaltwandel und Reproduktionsfähigkeit gehören zum Wesen des Lebendigen. Das entspricht der Stufe der Pflanze. Steiner spricht daher vom »Lebensleib« (bzw. Äther- oder Bildekräfteleib). Er durchdringt den physischen Leib, indem er ihn mit Leben erfüllt.

Die Stufe des tierischen Lebens — sehen wir einmal von problematischen Übergängen ab — ist bereits um eine Dimension reicher. Das Tier trägt an sich nicht nur einen von Lebensvorgängen durchpulsten physischen Leib, sondern »erlebt« Sinnesreize und beantwortet diese. Das Tier erlebt Lust und Unlust. Es führt ein gewisses Eigenleben, auch wenn dieses durch die Instinkte und Triebe seiner Art gattungsmäßig vorgegeben ist. Die Gesamtheit dieses seelischen Lebens läßt sich als »Seelenleib« bezeichnen, in der anthroposophischen Literatur auch »Astralleib« genannt.

Das von Trieb und Instinkt geleitete Tier hat zwar ein gewisses Eigenleben, aber es ist an die Lebens- und Verhaltensmuster gebunden, die ihm seine Art vorschreibt. Es gelangt nicht zu einer Selbstwahrnehmung. Es handelt unfrei. Um Freiheit zu erleben, um volle Personalität gegenüber der Mitwelt zu entfalten, ist eine übergeordnete Instanz erforderlich. Sie erst macht das Wesen des Menschen aus, nämlich das Ich.

Dieses vierte Wesensglied des Menschen verhält sich zu den vorgenannten wie der Wesenskern zu seinen drei Hüllen, eben des physischen, des Lebens- und des Seelenleibes. Für das Menschsein, auch für den anthroposophischen Erkenntnisweg ist es nun entscheidend, daß man nicht nur vom Ich weiß und daß es eine differenzierte Mitwelt gibt. Vielmehr kommt es darauf an, zur Selbstwahrnehmung zu gelangen, schließlich sinnvoll und frei handelnd tätig zu werden:

»Man empfängt mit dem Erlebnis des eigenen wahren Ich — und dieses Erlebnis steht dem modernen Menschen unmittelbar vor der Bewußtwerdung — die Erfahrung von einem Seienden, das rein geistig ist, ohne irgendwelchen ›Stoff‹, substanzlos ist wie die Gedanken-Welt. Mit dieser Ich-Erfahrung vermeidet man es, sich jenes Geistig-Seiende, wovon der Geistesforscher spricht, räumlich, substanzhaft vorzustellen. Dieses Gegenübersehen wurde durch das Erkennen innerhalb der Sinneswelt eingeübt. Es kann in der Erkenntnis des Geistes also nicht weiterbestehen. Da ist kein Gegenübersehen. Da ist nur bewußtes Sich-Hingeben, bewußte Identität, Eindringen in das Erkenntnisobjekt und gegenseitiges Sich-Durchdringen, ebenso, wie man die Gedanken eines anderen Menschen nur erkennt, wenn man sie selber durchdenkt [...]. Man kann Geistiges nur erkennen, wenn man mit ihm eins wird.«[91]

Wichtig ist nun, daß der Mensch seine einzigartige Möglichkeit zur Selbstentfaltung und Persönlichkeitsreifung, sein gesamtes spirituelles Streben, vom Ich aus lenkt, also nicht etwa unkontrollierten Neigungen, Gefühlen, Moden oder Trends nachhängt, wie dies in einer weitgehend außengesteuerten Konsum- und Mediengesellschaft der Fall ist. Schon um der in eigener Initiative zu erringenden Freiheit willen ist ein disziplinierter Erkenntnisweg geboten. Doch zuvor noch ein Blick auf den dynamischen Aspekt des Steinerschen Menschenbildes.

Anthroposophie will den Menschen nicht nur beschreiben, sondern verändern, evolutionieren, auf den Weg einer Entwicklung bringen. Wie unterschiedlich die menschliche Seelenhaftigkeit geartet sein kann, sieht man etwa darin, ob man lediglich passiv den Sinnesreizen »empfindend« antwortet, also in der Sphäre der Empfindungsseele verharrt oder ob man Gedankenkraft, Rationalität einfließen läßt. Steiner spricht dann von der Entwicklung der Verstandesseele. Eine dritte Stufe hat er die Bewußtseinsseele genannt. Das verstandesmäßige Erfassen ist hier nicht nur auf die umgebende Mitwelt gerichtet, vielmehr gelangt der Mensch dank seines Ich zum vollen Ich-Erlebnis. Mit der Bewußtseinsseele öffnet sich der Mensch beispielsweise für das Wahre. Er öffnet sich denkend für die geistige Welt.

Was am Einzelmenschen als Träger der Empfindungs-, Verstandes- und Bewußtseinsseele zu beobachten ist, das zeichnet sich in der Menschheitsentwicklung auch im großen Maßstab ab. Diesem heutigen Zeitalter der Bewußtseinsseele, das in einem hohen Maß durch das naturwissenschaftliche Denken und technische Wirken bestimmt ist, ist ein spiritueller Schulungsweg angemessen, der der Ichhaftigkeit des Menschen Rechnung trägt. Angehörige früherer Bewußtseinsstufen mögen Wege eingeschlagen haben, die unmittelbar an den Willen, an Gefühle, an Emotionen appellierten. Den bekannten Trends folgend, werden sie heute vielfach zu reaktivieren gesucht, indem man unter Umgehung der wachen Ich-Instanz zum Beispiel okkulte Fähigkeiten erlangen möchte. Dieser Neigung tritt Anthroposophie kritisch entgegen.

Zum dynamischen Gesichtspunkt des anthroposophischen Menschenbildes gehört schließlich die Mitteilung, wonach der Mensch in der Lage sei, eine Selbstverwandlung in Gang zu bringen, d.h.: verwandelnd in seine einzelnen Wesensglieder hineinzuwirken, eben vom Ich aus: »In der Seele blitzt das ›Ich‹ auf, empfängt aus dem Geiste den Einschlag und wird dadurch zum Träger des Geistmenschen. Dadurch nimmt der Mensch an den ›drei Welten‹ (der physischen, seelischen und geistigen) teil. Er wurzelt durch den physischen Körper, Ätherleib und Seelenleib in der physischen Welt und blüht durch das *Geistselbst*, den *Lebensgeist* und *Geistesmenschen*[92] in die geistige Welt hinauf. Der Stamm aber, der nach der einen Seite wurzelt, nach der andern blüht, das ist die Seele selbst.«[93]

Insofern ist der Mensch nach anthroposophischer Anschauung nicht nur die Summe seiner Wesensbestandteile. Er ist nicht »fertig«, sondern seelisch-geistig im Werden begriffen, und zwar über diese derzeitige Inkarnation hinausweisend auf weitere menschliche Verkörperungen.

Reinkarnation und Karma

Die Idee der wiederholten Erdenleben (Reinkarnation) ist ein integrierter Bestandteil der Steinerschen Menschenkunde. Sie ist gleichzeitig mit seinem evolutionären Denken verbunden. Danach gibt es nicht nur eine Entwicklung des Menschen vom Kind zum Erwachsenen und zum geistig-seelisch gereiften Menschen. Dieser Prozeß reicht über dieses Erdenleben hinaus, einerseits rückwärts ins Vorgeburtliche, andererseits vorwärts in die Zeit nach dem Tod. Damit versucht Anthroposophie, eine Antwort auf die Menschheitsfrage nach dem Woher und Wohin des Schicksals (Karma) zu geben.

Nun liegt es nahe, darauf hinzuweisen, daß die sich orientierende, d. h. nach der östlichen Geistigkeit sich ausrichtende Theosophie auch an diesem Punkt fernöstliche Anschauungen in sich aufgenommen und auf karmische Zusammenhänge hingewiesen hat. Schon aus prinzipiellen Erwägungen hatte Steiner eine gedanklich fundierte Begründung für die »Wiederverkörperung des Geistes« zu liefern. Das geschieht in seiner anthroposophischen Grundschrift mit dem (wenig angemessenen, zumindest mißverständlichen) Titel *Theosophie*. Ihr zufolge erscheint in einem Leben der menschliche Geist – die Ich-Persönlichkeit (Individualität) – als »Wiederholung seiner selbst mit den Früchten seiner vorigen Erlebnisse in vorhergehenden Lebensläufen«. Das ergibt sich aus folgender Überlegung: So wie die physische Menschengestalt immer wieder eine Wiederholung, d.h. eine Wiederverkörperung des menschlichen Gattungswesens ist, so müsse der geistige Mensch eine Wiederverkörperung desselben geistigen Menschen sein.

Es gibt Vererbung in biologischer, Wiederverkörperung in geistiger Hinsicht: »Was ich heute getan habe, bleibt für morgen bestehen. Es wird dauern durch die Tat, wie meine Eindrücke von gestern für meine Seele dauernd geworden sind durch das Gedächtnis. Für dieses Dauerndwerden durch die Tat bildet man im gewöhnlichen Bewußtsein nicht in der gleichen Art eine Vorstellung aus, wie diejenige ist, die man für ›Gedächtnis‹ hat, für das Dauerndwerden eines Erlebnisses, das auf Grund einer Wahrnehmung erfolgt. Aber wird nicht das ›Ich‹ des Menschen mit der in der Welt erfolgten Veränderung durch seine Tat ebenso verbunden wie mit der aus einem Eindruck erfolgenden Erinnerung?«[94]

Steiner verweist in diesem Zusammenhang darauf, daß die äußere Wirkung einer Tat losgelöst vom Seelenleben erfolgt, nämlich in Folgen, »die noch etwas anders sind, als was man davon in der Erinnerung behält«. Das Ich habe jedem Tun seinen Prägestempel eingedrückt, sei die Tat bewußt oder unbewußt vollzogen worden. Mit dem handelnden oder erleidenden Menschen, also mit seinem Schicksal, ist dieses Geschehen verknüpft, und zwar unabhängig davon, ob es noch einmal erinnert wird oder nicht.

Steiner fragt: »Könnte es nicht sein, daß die Folgen einer vollbrachten Tat, denen ihr Wesen durch das ›Ich‹ aufgeprägt ist, eine Tendenz erhalten, zu dem Ich wieder hinzuzutreten, wie ein im Gedächtnis bewahrter Eindruck wieder auflebt, wenn sich dazu eine äußere Veranlassung ergibt? Das im Gedächtnis Bewahrte wartet auf eine solche Veranlassung. Könnte nicht das in der Außenwelt mit dem Ich-Charakter Bewahrte ebenso warten, um so von *außen* an die Menschenseele heranzutreten, wie die Erinnerung von innen an diese Seele bei gegebener Veranlassung herantritt?«[95]

Ausgehend von solchen Überlegungen kommt Steiner zu dem Resultat, daß eine Tat, welche die Seele verrichtet hat, eine Neigung in sich trägt, eine andere Tat nach sich zu ziehen, welche gleichsam die Frucht dieser vorausgegangenen Tat ist: Durch eine Tat ist der Seele die Notwendigkeit eingeprägt, die Folge dieser Tat zu verrichten. Damit sind karmische, d. h. durch menschliches Tun erzeugte Wirkungen in einem nachfolgenden Leben konstelliert. So sind beispielsweise jetzige Begegnungen von Menschen durch frühere — glückhafte oder schuldbelastete — vorbereitet.

Und für die Zukunft in späterer Verkörperung gilt: »Menschen, mit welchen die Seele in einem Leben verbunden war, wird sie in einem folgenden wiederfinden müssen, weil die Taten, welche zwischen ihnen gewesen sind, ihre Folgen haben müssen. Wie die eine Seele, werden auch die mit dieser verbundenen in derselben Zeit ihre Wiederverkörperung anstreben [...]. Der Leib unterliegt dem Gesetz der *Vererbung*; die Seele unterliegt dem selbstgeschaffenen Schicksal. Man nennt dieses von dem Menschen geschaffene Schicksal mit einem alten Ausdruck sein *Karma*. Und der Geist steht unter dem Gesetze der *Wiederverkörperung*, der wiederholten Erdenleben.«[96]

Anthroposophie wäre gewiß mitverstanden, erblickte man in der von ihr vertretenen Idee der Reinkarnation eine Art Dogma, das auf Autorität hin geglaubt oder angenommen werden müßte, wiewohl diese Idee in der mitteleuropäischen Geistesgeschichte immerhin seit Jahrhunderten beheimatet ist.[97] Man denke nur an Lessings Thesen in *Erziehung des Menschengeschlechts*, die im Wiederverkörperungsgedanken gipfeln. Weil es Steiner darum ging, daß man an diesen nicht »glaubend«, sondern denkend herantritt, beleuchtete er ihn in zahlreichen Vorträgen und Aufsätzen.[98] Auf einem anderen Blatt steht, wie ein Großteil seiner Anhänger tatsächlich damit umgeht.

Andererseits ist nicht zu leugnen, welche Lebenshilfe aus dieser Karma-Deutung gewonnen werden kann, indem man ein schweres Schicksal, ganze Schicksalskomplexe von Familien, Generationen, Völkern in einem größeren Zusammenhang zu betrachten lernt, wenn die menschliche Existenz nicht allein auf die Zeit zwischen Geburt und Tod begrenzt ist. Ohne daß es hier weiter ausgeführt werden kann: Die Idee der wiederholten Erdenleben, die (in verschiedenen Formen) ein Großteil der Menschheit als Grundüberzeugung teilt, fordert dazu auf, brennende Menschheitsfragen von daher in ganz neuer Weise zu verstehen zu suchen. Die Verantwortung für alles menschliche Tun und Lassen rückt damit in ein besonderes Licht, bis hin zu Fragen des Umgangs mit Schwerstbehinderten, mit dem werdenden und ungeborenen Leben und dergleichen. Steiner hat im übrigen selbst in seinen zahlreichen Vorträgen zu diesem Thema auf die Zusammenhänge aufmerksam gemacht, indem er nicht allein das individuelle Schicksal eines Menschen, sondern das des ganzen Planeten ins Auge faßte:

»Wenn der Mensch nun übergeht zur Erkenntnis von Reinkarnation und Karma, wird die Sache ganz anders. Da müssen wir uns klar sein, daß das, was für einen solchen Menschen in seiner Seele lebt, nicht bloß wenn er durch die Pforte des Todes geschritten ist, eine Bedeutung hat für eine erdentrückte Sphäre, sondern daß von dem, was er erlebt zwischen Geburt und Tod, die Zukunft der Erdengestaltung abhängt. Die Erde wird sozusagen die äußere Konfiguration haben, welche die Menschen ihr geben, die vorher da waren. Der ganze Planet in seiner Zukunftskonfiguration, das Zusammenleben der Menschen in der Zukunft hängt davon ab, wie die Menschen früher gelebt haben, in ihren früheren Verleiblichungen [...].«[99]

Der anthroposophische Erkenntnisweg

Auf der Basis einer dynamischen, auf die seelisch-geistige Entwicklung hinarbeitenden Menschenkunde ist auch der von Rudolf Steiner gewiesene Erkenntnisweg entworfen. Er stellt die methodische Grundlage der Anthroposophie dar, die nach der Definition ihres Begründers ein spiritueller Erkenntnisweg ist. Schon am Anfang seiner Wirksamkeit charakterisierte Steiner seine Aufgabe als Generalsekretär der deutschen Sektion in der »Theosophischen Gesellschaft« so: »Ich will auf die Kraft bauen, die es mir ermöglicht, *Geistesschüler* auf die Bahn der Entwicklung zu bringen. Das wird meine Inaugurationstat allein bedeuten müssen.«[100]

Das will besagen, daß es nicht allein darum gehen kann, fertige Ergebnisse geistigen Forschens darzustellen, damit sie von der Schülerschaft gehorsam rezipiert werden. (Allerdings legte Steiner auch im Zusammenhang des Schulungswegs einen gewissen Wert auf die Kenntnisnahme seiner Mitteilungen!) Es handelt sich vielmehr darum, praktikable Methoden einer übersinnlichen, d. h. einer disziplinierten, das tageshelle Wachbewußtsein erweiternden Erkenntnis darzustellen. Diese Methoden, als Übungsweg gestaltet, sind jeweils in individueller Weise zu erproben und in die Lebensganzheit harmonisierend einzugliedern. Daran kann man denken, wenn Steiner in seiner Autobiographie schreibt: »Anthroposophie darf keinen Menschen aus den Lebenszusammenhängen, in denen er ist, herausreißen. Sie soll zu diesen Zusammenhängen etwas hinzufügen, aber nichts von ihnen nehmen.«[101]

Die Tatsache, daß Steiner unter verschiedenen Aspekten in Wort und Schrift, auch in persönlicher Anleitung, diesen inneren Weg aufgezeigt hat, deutet darauf hin, daß es nicht um eine einförmige Methodik gehen kann, daß die angegebenen Übungsmöglichkeiten vielmehr in frei lassender Weise zu einer selbständigen Umsetzung einladen.

Zweifellos entspricht dies seiner »Philosophie der Freiheit«, wenn er nicht allein zu durchdenkende Inhalte bieten wollte, sondern dem Denkakt bzw. dem Meditationsvorgang als solchem besondere Bedeutung zuwies. Angesprochen ist jeweils das wachbewußte Ich. Dieses gilt es zu aktivieren, indem man sich auf jeweils einen bestimmten Gedanken oder einen Vorstellungsinhalt konzentriert und auf diese Weise Seelenkräfte sammelt. Das Gegenteil wäre ein flüchtiges Eilen von einem Eindruck zum anderen, von einem Begriff zum anderen, ohne daß die erforderliche Klarheit und Überschaubarkeit aufkommen kann, weil man beispielsweise in kaum definierbaren, unbestimmten Gefühlen des »Erhobenseins« schwelgt.

Eine gute Vorbereitung für die hier gemeinte Erkenntnisbemühung erblickt Steiner darin, daß man sich etwa mit dem Gedanken erfüllt: »Ich empfinde mich denkend eins mit dem Strom des Weltgeschehens.« Dazu erläutert er, daß es viel weniger darauf ankomme, den abstrakten Erkenntniswert eines solchen Gedankens zu ermitteln. Wichtiger sei es,

»in der Seele oft die stärkende Wirkung empfunden zu haben, die man erlebt, wenn ein solcher Gedanke kraftvoll durch das Innenleben strömt, wenn er sich wie geistige Lebensluft im Seelenleben ausbreitet. Es handelt sich nicht allein um das Erkennen dessen, was in einem solchen Gedanken liegt, sondern um das *Erleben*. Erkannt ist er, wenn er *einmal* mit genügender Überzeugungskraft in der Seele gegenwärtig war; soll er Früchte zeitigen für das Verständnis der geistigen Welt, ihrer Wesenheiten und Tatsachen, so muß er, nachdem er verstanden ist, in der Seele immer wieder belebt werden. Die Seele muß sich immer wieder ganz von ihm erfüllen, nur ihn in ihr anwesend sein lassen, mit Ausschluß aller anderen Gedanken, Empfindungen, Erinnerungen usw. — Ein solches wiederholtes Sich-Konzentrieren auf einen volldurchdrungenen Gedanken zieht Kräfte in der Seele zusammen, die im gewöhnlichen Leben gewissermaßen zerstreut sind: sie verstärkt sie in sich selbst. Diese zusammengezogenen Kräfte werden zu den Wahrnehmungsorganen für die geistige Welt und ihre Wahrheiten. Man kann an dem Angedeuteten den rechten Vorgang des Meditierens erkennen: Erst arbeitet man sich zu einem Gedanken durch, den man einsehen kann mit den Mitteln, welche das gewöhnliche Leben und Erkennen an die Hand geben. Dann versenkt man sich wiederholt in diesen Gedanken, macht sich ganz eins mit ihm. Die Stärkung der Seele kommt durch das Leben mit einem solchen erkannten Gedanken.« [102]

Konsequent angewandt gibt diese Anweisung dem einzelnen eine Hilfe gegenüber anthroposophischen Lehrmitteilungen, die zu fordernde Freiheit zu erhalten. Die Gefahr, von der Faszinationskraft eines »spirituellen Meisters« (Guru) geradezu überwältigt zu werden, ist groß. Steiner, der gerade davor warnt, macht hierbei keine Ausnahme. Das Gebaren nicht weniger Anhänger spricht deutlich genug für bzw. gegen sich.

Nicht die Person irgendeiner Lehrautorität verlangt Anerkennung und Devotion, sondern allein die Wahrheit. Die Bemühung um sie ist freilich unerläßlich. Dieses Streben gehört zu den Haltungen, die Steiner anzuerziehen rät: »Es ist die rückhaltlose, unbefangene Hingabe an dasjenige, was das Menschenleben oder auch die außermenschliche Welt offenbaren. Wer von vornherein mit dem Urteil, das er aus seinem bisherigen Leben mitbringt, an eine Tatsache der Welt herantritt, der verschließt sich durch ein solches Urteil gegen die ruhige, allseitige Wirkung, welche diese Tatsache auf ihn ausüben kann [...]. Nur diejenigen Augenblicke sind solche der Erkenntnis, wo jedes Urteil, jede Kritik schweigen, die von uns ausgehen [...]. Man lasse die Dinge und Ereignisse mehr *zu sich* sprechen, als daß man über sie spreche.« [103]

So ist es die Haltung einer inneren Selbstlosigkeit, der Gelassenheit gegenüber den Empfindungen, etwa der Lust und der Unlust oder des Schmerzes, die einzunehmen ist, jedoch ohne daß etwa das Gefühlsleben abstumpfen würde. Nicht Verzicht auf Wahrnehmung und Erleben ist beabsichtigt, sondern — in aller Unvoreingenommenheit — die Intensität dessen, was sich in der Mitwelt manifestiert und zur Psyche spricht. Denn in allem, was ist, ist ein Unvergängliches, Ewiges verborgen. Darauf ist der Sinn zu richten, frei von irgendwelchen Spekulationen:

»Wenn ich einen Stein, eine Pflanze, ein Tier, einen Menschen beobachte, soll ich eingedenk sein können, daß sich in all dem ein Ewiges ausspricht. Ich soll mich fragen können, was lebt als Bleibendes in dem vergänglichen Stein, in dem vergänglichen Menschen? Was wird die vorübergehende sinnliche Erscheinung überdauern? — Man soll nicht glauben, daß solches Hinlenken des Geistes zum Ewigen die hingebungsvolle Betrachtung und den Sinn für die Eigenschaften des Alltags in uns austilge und aus der unmittelbaren Wirklichkeit entfremde. Im Gegenteil: Jedes Blatt, jedes Käferchen wird uns unzählige Geheimnisse enthüllen, wenn unser Auge nicht nur, sondern durch das Auge der Geist auf sie gerichtet ist. Jedes Glitzern, jede Farbennuance, jeder Tonfall werden dem Sinn lebhaft und wahrnehmbar bleiben, nichts wird verloren gehen; nur unbegrenztes neues Leben wird hinzugewonnen werden. Und wer nicht mit dem Auge das Kleinste zu beobachten versteht, wird auch nur zu blassen, blutleeren Gedanken, nicht aber zu geistigem Schauen kommen. Es hängt von der Gesinnung ab, die wir uns in dieser Richtung erwerben.« [104]

Diese und ähnliche Gesichtspunkte, die Steiner in seinem Buch *Theosophie* (1904) als »Pfad der Erkenntnis« in allgemeiner Form notiert hat, fanden in einer Reihe weiterer Schulungsbücher unter Angabe bestimmter Übungen zur Anregung des Denkens,

Fühlens und Wollens eine ausführlichere Darstellung. Zu nennen sind insbesondere *Wie erlangt man Erkenntnisse der höheren Welten?* (1904/05), *Die Geheimwissenschaft im Umriß* (1910), *Ein Weg zur Selbsterkenntnis des Menschen* (1912), *Die Stufen der höheren Erkenntnis* (1905/08) oder *Die Schwelle der geistigen Welt* (1913). Weitere Ausführungen zur anthroposophischen Erkenntnis finden sich in öffentlichen und internen Vorträgen.

Von 1904 bis zum Ausbruch des Ersten Weltkrieges bestand innerhalb der »Theosophischen« bzw. »Anthroposophischen Gesellschaft« die sogenannte »Esoterische Schule« (ES). In ihr kamen solche Mitglieder zusammen, die von Steiner eine spezielle Führung auf dem inneren Weg erhielten. Solche Lehr- und Übungsinhalte sind in dem Band *Anweisungen für eine esoterische Schulung* zu finden. Darüber hinaus sind im Laufe der Jahre zahlreiche mantrische Sprüche entstanden, die ebenfalls der Meditation dienen.

Es liegt im Wesen jeder spirituellen Übung, daß sie mit großer Besonnenheit und in Augenblicken innerer Sammlung regelmäßig vollzogen wird, so auch die des anthroposophischen Erkenntnisweges. Sieht man von einzelnen Übungen ab, dann ist als generelle Richtlinie festzuhalten: »Jede Erkenntnis, die du suchst, nur um dein Wissen zu bereichern, nur um Schätze in dir anzuhäufen, führt dich ab von deinem Wege, jede Erkenntnis aber, die du suchst, um reifer zu werden auf dem Wege der Menschenveredelung und der Weltenentwicklung, die bringt dich einen Schritt vorwärts. Dieses Gesetz fordert unerbittlich seine Beobachtung [...]. Man kann diese Wahrheit der geistigen Schulung in den kurzen Satz zusammenfassen: Jede Idee, die dir nicht zum Ideal wird, ertötet in deiner Seele eine Kraft; jede Idee, die aber zum Ideal wird, erschafft in dir Lebenskräfte.«[105]

Um im Sinne Steiners in die »geistige Welt« einzudringen, um sie zu erfahren, sind bestimmte Voraussetzungen zu erfüllen:

Das »schauende Bewußtsein« ist erforderlich. Nun beginnt diese Welt schon dort, wo Erkenntnis (in des Wortes allgemeiner Bedeutung) aufleuchtet. Doch es gibt noch etwas darüber hinaus. Hierzu sind jene Seelenkräfte zu entwickeln, die wohl anlagemäßig vorhanden, aber noch nicht aktiviert sind. Die Übungen des anthroposophischen Erkenntniswegs sollen diese Entwicklung vorbereiten.

Zunächst folgende Orientierung: Da ist zuerst das »tagwachende Bewußtsein«. Es ist noch einer Steigerung fähig. Man ist in verschiedenen Graden »hellwach«. Unterhalb des Tagesbewußtseins liegt das »Traumbewußtsein«. Dabei handelt es sich um Bildwahrnehmungen, die der Träumende — vom wachen Ich her betrachtet — mehr passiv empfängt. Auch hier ist, wie aus eigenem Erleben bekannt und durch die Traumforschung gesichert, die Variationsbreite erheblich.

Zu diesen bekannten Tatsachen des Wach- und des Traumbewußtseins tritt (abgesehen vom Zustand des Tiefschlafs) noch eine dritte Bewußtseinsverfassung hinzu. In Anlehnung an eine Formulierung Goethes spricht Steiner vom »schauenden Bewußtsein«. Es ist so geartet, daß es sich sowohl vom Tageswachen als auch vom Bildschaffen des Träumenden in einer charakteristischen Weise abhebt. Zwar ist auch das schauende Bewußtsein bestimmten Wahrnehmungen offen. Diese Wahrnehmungen stellen sich in einer großen Reichhaltigkeit und Differenziertheit dar. Sie beziehen sich jedoch nicht auf die Sinneswelt, der wir uns mit dem alltäglichen Gegenstandsbewußtsein zuwenden. Die Sinnesorgane werden in diesem Fall nicht betätigt.

Die spezifischen Wahrnehmungen, die mit dem schauenden Bewußtsein gemacht werden, sind somit in einem buchstäblichen Sinne *über*sinnlicher Natur. Die Metapher »über« ist hier insofern zutreffend, als es sich um eine Bewußtseinsverfassung handelt, die hinsichtlich der dabei herrschenden Bewußtseinshelligkeit und der Reichweite des Geistes über derjenigen des Tagesbewußtseins liegt. Demnach liegt eine Steigerung und Intensivierung vor. Dem schauenden Bewußtsein erschließt sich somit ein »Oberhalb« der Sinne und der (tag-)bewußten Seele. Es öffnet sich jene Dimension der einen Wirklichkeit, die Steiner die »geistige Welt« nennt.

Wie er immer wieder mit Nachdruck hervorhebt, lag ihm sehr daran, seine auf diese Dimension gerichtete Forschung von all jenen Praktiken fern zu halten, bei denen es zu einer unklaren Vermengung von sinnlichen und übersinnlichen Phänomenen kommt, seien es solche des Mediumismus oder irritierende halluzinatorische Erscheinungen, die in die Sphäre des Prärationalen regredieren. Die von Steiner intendierte Geistesforschung setzt das klare, der Kritik fähige Ich-Bewußtsein voraus, benutzt es als Basis, von der zur »Erkenntnis höherer Welten« aufgestiegen werden soll.

Worum es sich hierbei handelt, hat er einmal so formuliert: »Unter Anthroposophie verstehe ich eine wissenschaftliche Erforschung der geistigen Welt, welche die Einseitigkeiten einer bloßen Naturerkenntnis ebenso wie diejenigen der gewöhnlichen [sic!] Mystik durchschaut und die, bevor sie den Versuch macht, in die übersinnliche Welt einzudringen, *in der erkennenden Seele* erst die im gewöhnlichen Bewußtsein und in der gewöhnlichen Wissenschaft noch nicht tätigen Kräfte entwickelt, welche ein solches Eindringen ermöglichen.«[106]

Wenn hier von »Einseitigkeiten« die Rede ist, so ist damit eine Erkenntnishaltung gemeint, die nicht die Mehrdimensionalität der Wirklichkeit anerkennt, sondern die — etwa im Fall der naturwissenschaftlichen Betrachtungsweise — letztlich nur die materielle Seite der Wirklichkeit als existent und erforschbar gelten läßt. Diejenige Dimension, die jedoch außerhalb des Meßbaren, Zählbaren, Wägbaren und experimentell Verifizierbaren liegt, bleibt dort bekanntlich unberücksichtigt. Aussagen darüber gelten gemeinhin als »unwissenschaftlich«, mögen sie auf noch so vielen zuverlässigen Erfahrungen gründen.

Was nun die »gewöhnliche Mystik« als die andere Einseitigkeit anlangt, so ist damit weniger die Mystik als solche gemeint als vielmehr ein Mystizismus, der einerseits auf die Klärung seiner Voraussetzungen keinen besonderen Wert legt, andererseits den Bezug zur raumzeitlichen Dimension der Wirklichkeit, um die sich die Wissenschaft bemüht, vernachlässigt.

Hier sind endlich die drei von Steiner im einzelnen geschilderten Bewußtseinszustände aufzuführen, die *ober*halb des wachen Tagesbewußtseins liegen, so wie das Traum- und Schlafbewußtsein *unter*halb der Ich-Schwelle angesiedelt ist. Zu nennen ist erstens die *Imagination* als eine Wahrnehmungsart, in der das Element des Bildhaften vorherrscht, das jedoch anders als im unterbewußten Traumgeschehen als ein überbewußtes Erleben geschildert wird. Zweitens ist auf die *Inspiration* zu verweisen, in der sich die geistige Welt »vernehmen« läßt, und zwar so, daß sie mit einer Gehörwahrnehmung vergleichbar ist, jedoch — etwa analog der »Stimme des Gewissens« — ohne akustische Manifestationen auskommt. Und drittens gibt es den Bewußtseinszustand der *Intuition*, die als ein »Berührtwerden« durch die geistige Welt angesprochen werden kann. Es kommt hier zu einem Austausch, der über den imaginativen und den inspirativen Zustand hinausgeht. Man kann an einen geistig-seelischen Kommunikationsvorgang denken, in dem der Mensch mit der geistigen Welt in Austausch tritt. Steiner spricht gelegentlich von einer in Erkenntniskraft umgewandelten Liebe.

Diese, hier nur zu erwähnenden, »höheren« Bewußtseinszustände sind in der anthroposophischen Literatur näher erläutert und im Zusammenhang des Erkenntniswegs dargestellt.[107] Wichtiger als alle, gleichsam von außen vorgenommenen Beschreibungen ist indes der Vollzug spiritueller Wahrnehmung, sei es im Denken, sei es im meditativen Innewerden. Stets ist das Ich, das Im-Ich-Sein, das Tätigwerden des Ich entscheidend:

»Durch das Erleben des Ich gelangen wir zum ersten geistigen Erlebnis des modernen Menschen. Ohne dieses kann man auf die Frage, was ist Geist, schwerlich oder gar nicht antworten. Denn wovon wir keine Erfahrung haben, stellen wir uns etwas nach dem Muster derjenigen Erfahrung vor, welche wir besitzen. Deshalb wird das bildlich Gesagte, das Gleichnishafte im Bericht des Geistesforschers oft mißverstanden. Solange man Geist, Seelisches, Ätherisches nur mit einem Hauch von feiner Substantialität, Raumfähigkeit, Zeithaftigkeit verbunden sich vorstellt, ist man fern vom Verstehen ihres wahren Wesens. Man empfängt mit dem Erlebnis des eigenen wahren Ich [...] die Erfahrung von einem Seienden, das rein geistig ist, ohne irgendwelchen ›Stoff‹, substanzlos ist wie die Gedanken-Welt. Mit dieser Ich-Erfahrung vermeidet man es, sich jenes Geistig-Seiende, wovon der Geistesforscher spricht, räumlich, substanzhaft vorzustellen.«[108]

3. Christosophie

Wurde der anthroposophische Erkenntnisweg als die methodische Mitte des Steinerschen Lebenswerks vorgestellt, ein Weg, der dahin zielt, Menschen der Gegenwart auf die Bahn einer inneren Entwicklung zu bringen, so ist im Blick auf Christus zu sagen: Christus bzw. die Christosophie steht im Zentrum der Anthroposophie. Damit ist nicht etwa ein religiöser Anspruch gemeint, den Steiner erhoben hätte. Noch weniger ist darin ein Versuch zu sehen, in irgendeiner Weise in Konkurrenz zu einer kirchlichen Institution zu treten. Das trifft auch nicht für die 1922 gegründete »Christengemeinschaft« als einer Bewegung für religiöse Erneuerung zu, die gleichwohl ohne die Mithilfe Steiners nicht vorzustellen ist.

Für Rudolf Steiner war die Christus-Erscheinung in der Person des Jesus von Nazareth eine — stillschweigend vorausgesetzte — historische Tatsache. Doch statt sich in die zu Jahrhundertanfang übliche, von der religionsgeschichtlichen Schule bewegte Diskussion um den historischen Jesus [109] einzumischen, lenkte er die Aufmerksamkeit auf weithin vernachlässigte Aspekte der Christologie, indem er sowohl die mystische als auch die kosmische Tatsache des Christentums besonders herausstellte. Von daher fiel ein neues Licht auf die Evangelien und auf die biblische Überlieferung insgesamt, wiewohl Steiner nicht die Absicht verfolgte, als Bibelexeget in Erscheinung zu treten. Christologie war für ihn keine — im engeren Sinn des Wortes — theologische Angelegenheit. Christi Erscheinung auf Erden gewann für ihn eine Bedeutung, die nicht nur die Menschheit in ihrer Gesamtheit angeht, sondern die darüber hinaus den Organismus Erde als ganzen betrifft. Hier kommt der »Christusimpuls« ins Spiel.

Mystische Tatsache

In programmatischer Weise ist dieses Thema in den Berliner Vorträgen von 1902 behandelt, die unter dem Titel *Das Christentum als mystische Tatsache* publiziert worden sind. Wie schon in der biographischen Skizze zum Ausdruck gebracht, ist es charakteristisch für Steiners Debüt im Rahmen der »Theosophischen Gesellschaft«, daß er sich dieser Thematik angenommen hat, indem er sie in die Mitte seiner gesamten Wirksamkeit stellte. Zwar war diese Thematik den anglo-indischen Theosophen nicht fremd. Auch sie sprechen von Christus, wenngleich mit anderer Gewichtung.[110] Aber trotz mancher Anklänge an deren Gedankenführung ist auch Steiners Akzentsetzung nicht zu verkennen. Wieder kommt sein Bedürfnis zum Vorschein, seinen »Gegenstand« so zu behandeln, daß Einklang mit der Naturwissenschaft gewahrt bleibt. Für den Theosophen Steiner ist die naturwissenschaftliche Denkungsart »die mächtigste Gewalt im Geistesleben der Neuzeit«. Gleichwohl will er sich durch die Meinungen einzelner ihrer – betont materialistisch eingestellten – Vertreter nicht einengen lassen, wenn es um die Frage nach der geistigen Welt und um die spirituellen Grundlagen der Christuserscheinung geht. Aber grundsätzlich hält Steiner aus dieser Perspektive fest:

»Man handelt nur im Sinne der Naturwissenschaft, wenn man den geistigen Werdegang des Menschen ebenso unbefangen betrachtet, wie der Naturforscher die sinnliche Welt beobachtet. Man wird dann allerdings auf dem Gebiet des Geisteslebens zu einer Betrachtungsart geführt, die sich von der bloß naturwissenschaftlichen ebenso unterscheidet wie die geologische von der bloß physikalischen [...]. Man wird zu höheren Methoden geführt, die zwar nicht die naturwissenschaftlichen sein können, aber doch ganz in ihrem Sinne gehalten sind. Dadurch wird sich manche einseitige Ansicht der Naturforschung von einem andern Gesichtspunkte aus modifizieren oder korrigieren lassen; aber man setzt damit die Naturwissenschaft nur fort; man sündigt nicht gegen sie [...].«[111]

Zunächst fällt auf, daß Steiner einen großen Teil des schmalen Buches der antiken Mysterienweisheit, dem Mythos, Platon und der Gnosis (im weiteren Sinn des Wortes) widmet. Die neutestamentliche Überlieferung als solche wird nur in wenigen Einzelaspekten besprochen. Auch später behielt er den aphoristischen Stil bei.

Seine These lautet: »In der Mysterienweisheit ist der Boden zu suchen, aus dem der Geist des Christentums hervorgewachsen ist [...]. Langsam wächst das Christentum aus dem Mysterienwesen heraus. Christliche Überzeugungen werden in der Form der Mysterienwahrheiten vorgetragen; Mysterienweisheit wird in die Worte des Christentums gekleidet.«[112] Nicht nur die Erfüllung der Weissagungen der jüdischen Propheten stelle Christus dar. Er verkörpere auch all das, was in den Mysterien »vorhergebildet« worden ist. Symbolische Mysterienhandlungen seien nunmehr durch das Leben und Sterben eines historischen Menschen ersetzt und damit »erfüllt« (Gal. 4,4). So gesehen verkörpere das Kreuz von Golgatha den »in einer Tatsache zusammengezogenen Mysterienkult des Altertums«. Diese Historizität ist für Steiner unverzichtbar, wenngleich ihm die mystische Innenerfahrung von besonderer Wichtigkeit ist. Das in einem geschichtlichen Augenblick Geschehene kann für den einzelnen — ohne Rücksicht auf Herkunft oder Geschlecht — zur individuellen mystischen Erfahrung werden. In Platons Vorstellung von der auf den Weltleib in Kreuzesform gespannten Weltseele erblickt Steiner den »wichtigsten Gedanken des Christentums [...] längst vorgezeichnet«. »Das Christentum als mystische Tatsache ist eine Entwicklungsstufe im Werdegang der Menschheit; und die Ereignisse in den Mysterien und die durch dieselben bedingten Wirkungen sind die Vorbereitung zu dieser mystischen Tatsache.«[113]

Wer sich mit dem Wesen des Christentums vertraut machen wolle, müsse über die sinnliche und damit über die historische Betrachtung hinausgehen. Mystik sei »unmittelbares Fühlen und Empfinden des Göttlichen in der eigenen Seele«. Diese Unmittelbarkeit sollte für Steiners Evangelieninterpretation von entscheidender Bedeutung werden, wie er in diesem Buch am Beispiel der Auferweckung des Lazarus (Joh. 11) dargelegt hat.

Im Laufe der Zeit, d. h. im ersten und zweiten Jahrzehnt dieses Jahrhunderts, entfaltete Steiner seine Christologie. Die zahlreichen Einzelvorträge und Zyklen zu den Evangelien geben Einblick in eine nach und nach sich ergebende Schwerpunktverlagerung, etwa von der »*mystischen* Tatsache« zur »mystischen *Tatsache*« des Christentums. In der christlichen Botschaft geht es eben nicht allein um das innere Nacherleben ewiger Wahrheiten. Der Tatsachencharakter des in den Evangelien Berichteten ist auch dort zu bewahren, wo es sich nicht nur um historisch verifizierbare Fakten handele. »Das Ewige in einer Erscheinung zu entdecken ist gewiß bedeutsam, in der geistigen Schau, aber das Historische und das Einmalig-Konkrete zu erfassen, ist mehr. Erst in dem Ergreifen der historisch-tatsächlichen Bedeutung des Christus-Ereignisses rechtfertigt sich der Titel des Buches ›Das Christentum als mystische *Tatsache*‹.«[114] Das historisch Objektive und das mystisch Subjektive gehören zusammen. Daran mag Steiner selbst gedacht haben, als er 1912 im Vortrag sagte:

»Wie das Auge durch das Licht gebildet ist, wie die Wahrnehmung des Lichtes durch das Auge geschieht, so kommt das innere Christus-Erlebnis, die innere Wiedergeburt der Seele durch das Christus-Erlebnis der Menschheit, durch das Mysterium von Golgatha zustande [...]. Durch das Innere erlebt der Mensch den Christus. Daß er aber die Seele über sich selbst hinaussteigern kann, rührt davon her, daß die geistige Sonne, das Mysterium von Golgatha, in die Weltgeschichte eingetreten ist. — Ohne das objektive Mysterium von Golgatha und ohne den objektiven Christus kein subjektives inneres Erleben mystischer Art.«[115]

Kosmische Tatsache

So sehr sich Steiners Anschauungen von denen der Schultheologie entfernen mögen, in der Frage des Offenbarungsbegriffs gibt es bisweilen überraschende Konvergenzen, z. B. wenn Paul Tillich in seiner *Systematischen Theologie* schreibt:

»Die Offenbarung enthält stets ein subjektives und ein objektives Geschehen, die streng voneinander abhängen. Jemand ist durch die Kundmachung des Geheimnisses ergriffen: das ist die subjektive Seite des Geschehenen. Andererseits geschieht etwas, wodurch das Geheimnis der Offenbarung jemanden ergreift: das ist die objektive Seite. Diese beiden Seiten können nicht voneinander getrennt werden. Wenn nichts objektiv geschieht, so wird nichts offenbart. Wenn niemand das subjektiv empfängt, was geschieht, so hört das Ereignis auf, etwas zu offenbaren. Das objektive Ereignis und die subjektive Aufnahme gehören beide zum Ganzen des Offenbarungsgeschehens. Die Offenbarung ist nicht wirklich ohne die empfangende Seite, und sie ist nicht wirklich ohne die gebende Seite.«[116]

Bedenkt man, daß die kirchliche Theologie am Anfang des Jahrhunderts mit der historischen Jesus-Gestalt beschäftigt war und — ohne den dogmatischen Überbau von »Gottessohnschaft«

und dergleichen — nach dem »schlichten« Mann aus Nazareth forschte, dann setzte Steiner einen ganz anderen Akzent. Demnach war in dem Jesus von Nazareth eine kosmische Wesenheit verkörpert. Unter Hinweis auf neutestamentliche Aussagen — etwa bei Johannes und bei Paulus — handelte es sich bei diesem »Licht der Welt« (Joh. 8,12) um den »hohen Sonnengeist«. Er hat während der Jordan-Taufe in dem Jesus von Nazareth sein Zelt aufgeschlagen (Joh. 1,14). Nach Steiner habe dieses sonnenhafte Gotteswesen immer mit der Erdentwicklung zu tun gehabt. Denn: »Den Christus in der Erdenentwicklung erst seit dem Mysterium von Golgatha zu suchen, das ist nicht christlich.«[117]

Das zentrale johanneische Wort von der Fleischwerdung des göttlichen Logos erlangt in der anthroposophischen Christologie somit große Bedeutung. Die Christus-Erscheinung als solche ist eine *kosmische* Tatsache. Sie besteht darin, daß der Sonnengeist des Christus Mensch geworden ist (Phil. 2,5ff.). Ziel und Aufgabe des Niedersteigens besteht nach Steiner darin, die Ich-Werdung des Menschen voranzubringen und den Impuls der Liebe dieser Erde einzupflanzen, einen Impuls, der weltverwandelnde Kräfte in die Zukunft hinein zur Entfaltung bringen werde. Es versteht sich, daß es sich um ein Geschehen handelt, dessen Träger nicht etwa die Angehörigen einer Religion, beispielsweise der Christen, sind. Der Erdorganismus als solcher empfängt diesen Impuls. An ihm partizipieren alle Erdenbewohner, alles Leben auf der Erde.

Dieser Christusimpuls, der aus dem Geistbereich der Sonne kommt, gibt letztlich den Anstoß dazu, daß die Erde aufs neue »zur Sonne werden« kann. Es versteht sich, daß derartige Äußerungen nicht in einem verengt materiell-physikalischen Sinn aufgefaßt werden dürfen. Steiner spricht vielmehr im Bild und im Real-Symbol — etwa analog des johanneischen Semeion-Begriffs[118] — aus, was als eine geistige Wirklichkeit gemeint ist.

Seinen Lesern mutet Steiner immer wieder eine Zusammenschau weitläufiger spiritueller Geschichtszusammenhänge zu. Derjenige Mensch (Jesus), der als Christusträger (Christophorus) für seine irdische Mission ausersehen war, konnte nur einer sein, der als »Menschheitsrepräsentant« zum Empfänger des Christusimpulses werden konnte. Damit kommen wir zu der als besonders anstößig empfundenen Lehrmitteilung Steiners, der Lehre von den beiden Jesus-Knaben, dem sogenannten salomonischen Jesus des Matthäusevangeliums und dem nathanischen des Lukasevangeliums. Bekanntlich geben die beiden Evangelisten ihren Lesern ein großes Rätsel auf, indem sie zwei verschiedene Stammbäume Jesu überliefern. Diese stimmen nur hinsichtlich der Vorväter Abraham und David überein. So gelangte die neuere Forschung seit Reimarus zu dem Schluß, daß es sich hier um legendäre, jedenfalls nicht um historisch zuverlässige, zum Zwecke des Nachweises der davidischen Abstammung konstruierte Stammbäume handeln müsse. Steiners Lösungsversuch, der zugleich den Weg vom kosmischen Christus zum irdischen Jesus beschreibt, läßt sich anhand des folgenden, einigermaßen komplizierten Gedankengangs betrachten:

»Im Beginne unserer Zeitrechnung sind zwei Jesusknaben geboren worden. Der eine stammte aus der nathanischen Linie des Hauses David, der andere aus der salomonischen Linie desselben Hauses. Diese beiden Knaben waren nicht ganz zu gleicher Zeit geboren, aber doch annähernd. In dem salomonischen Jesusknaben, den das Matthäusevangelium schildert, inkarnierte sich dieselbe Individualität, die früher als Zarathustra auf der Erde gelebt hat, so daß man in diesem Jesuskinde des Matthäusevangeliums vor sich hat den wiederverkörperten Zarathustra oder Zoroaster. So wächst heran, wie ihn Matthäus schildert, in diesem Jesusknaben bis zum zwölften Jahre die Individualität des Zarathustra. In diesem Jahre verläßt Zarathustra den Körper dieses Knaben und geht hinüber in den Körper des anderen Jesusknaben, den das Lukasevangelium schildert. Daher wird dieses Kind so plötzlich etwas anders. Die Eltern erstaunen, als sie es in Jerusalem im Tempel wiederfinden, nachdem in dasselbe der Geist des Zarathustra eingetreten war. Das wird dadurch angedeutet, daß der Knabe, nachdem er verlorengegangen war und in Jerusalem im Tempel wiedergefunden wurde, so gesprochen hat, daß ihn die Eltern nicht wiedererkannten, weil sie dieses Kind — den nathanischen Jesusknaben — eben nur so kannten, wie er früher war. Aber als es anfing, zu den Schriftgelehrten im Tempel zu reden, da konnte es so sprechen, weil in dasselbe der Geist des Zarathustra eingetreten war.

Bis zum dreißigsten Jahre lebte der Geist des Zarathustra in dem Jesus-Jüngling, der aus der nathanischen Linie des Hauses David stammte. In diesem andern Körper reifte er heran zu einer noch höheren Vollendung. Noch ist zu bemerken, daß in diesem andern Körper, in dem jetzt der Geist des Zarathustra lebte, das Eigentümliche war, daß in dessen Astralleib der Buddha seine Impulse aus der geistigen Welt einstrahlen ließ [...]. Das alles war notwendig, damit der Leib zustande kommen konnte, welcher dann am Jordan die Johannes-Taufe empfing [...]. Bei dem Christus Jesus blieben nach der Johannes-Taufe die kosmisch-geistigen Kräfte allein wirksam, ohne alle Beeinflussung durch die Gesetze der Erdenentwicklung.

Während Jesus von Nazareth als Christus Jesus in den letzten drei Jahren seines Lebens vom dreißigsten bis zum dreiunddreißigsten Jahre in Palästina auf der Erde wandelte, wirkte fortwährend die ganze kosmische Christus-Wesenheit in ihn herein. Immer stand der Christus unter dem Einfluß des ganzen Kosmos.« [119]

Ohne an dieser Stelle auf die Problematik der reichlich konstruiert erscheinenden Lehre von den beiden Jesusknaben näher einzugehen, sei zumindest angemerkt, daß die Bezugnahme auf Zarathustra und auf den Buddha Siddharta Gautama die Zusammenschau zweier unterschiedlicher, komplementärer Seelenhaltungen ausdrückt: bei Zarathustra eine mehr erdzugewandte, bei Buddha eine auf mystische Verinnerlichung hindeutende Einstellung. Bekannt ist im übrigen die Polarität, die sich in den beiden genannten Evangelien selbst ausspricht: Bei Matthäus sind es

Magier (griech.: »magioi«; die »heiligen drei Könige« der Volksfrömmigkeit), die die Gaben ihrer reichen geistig-religiösen Überlieferung in Gestalt von Gold, Weihrauch und Myrrhe dem Jesuskind anbetend zu Füßen legen. Im Lukasevangelium sind es die unverbildeten, zum verinnerlichten Schauen und Hören der Weihnachtsbotschaft der Engel bereiten judäischen Hirten.

Dazu kommt noch ein esoterischer Aspekt: bei Buddha der achtgliedrige Schulungspfad. Er führt, prototypisch betrachtet, zur *mystischen* Hochzeit[120]; im übertragenen Sinn: zur Kommunion der Seele mit Christus. Das Motiv ist aus der christlichen Mystik bekannt. Daneben stellt sich die weltbejahende aktive Seelenhaltung des Zarathustra, dessen Streben als Weg zur *chymischen* Hochzeit[121] angesehen werden kann. Der »Theosophie des Rosenkreuzes« hat Steiner besondere Aufmerksamkeit geschenkt.[122]

Auf die Bedeutung des »Mysteriums von Golgatha« wurde bereits aufmerksam gemacht, als Steiners individueller Wendepunkt um die Lebensmitte zu besprechen war. Diesem subjektiven Erlebnis liegt ebenfalls ein objektives Ereignis zugrunde, wenn er den in den Erdorganismus hineingreifenden Christusimpuls beschreibt. In seinen Karlsruher Vorträgen »Von Jesus zu Christus« (1911) liest man hierzu:

»Wie sich eine kleine Menge Substanz ausdehnt in einer Flüssigkeit, so dehnte sich das, was geistig ausstrahlte von der Tat auf Golgatha, in die geistige Atmosphäre der Erde aus, durchdrang sie und ist seit jener Zeit darinnen. Es ist also seit jener Zeit unsrer Erde etwas mitgeteilt, was sie früher nicht hatte. Und da die Seelen nicht bloß überall umschlossen von dem Materiellen leben, sondern da die Seelen wie Tropfen sind, die im Meere des irdisch Geistigen leben, so sind eben die Menschen seit jener Zeit eingebettet in die geistige Atmosphäre unsrer Erde, die durchdrungen ist von dem Christusimpuls.«[123]

Damit ist einmal mehr zum Ausdruck gebracht, daß die Steinersche Christusauffassung sich auf Ereignisse stützt, die nicht allein den Menschen als Träger religiöser Überzeugungen betreffen, sondern die irdische Wirklichkeit als solche. Das Christentum ist insofern nicht nur mit einer religiösen Heils*lehre* zu identifizieren, sondern mit dem Christusimpuls, durch den eine verwandelnde, neue Qualität schaffende Kraft in die Welt gekommen ist. Letztlich lassen sich auch die durch die Anthroposophie in die Praxis umgesetzten kulturellen Konsequenzen von daher verstehen, wenngleich dies nicht eigens hervorgehoben wird.

In den Berliner Vorträgen aus dem Jahr 1917, die unter dem Titel *Bausteine zu einer Erkenntnis des Mysteriums von Golgatha* zusammengefaßt sind, heißt es hierzu: »Das Grundprinzip des Christentums ist, daß der Christus in den Jesus von Nazareth nicht nur Lehren hineingegossen hat, sondern selber in ihn hineingezogen ist, das heißt, sich mit der *irdischen* Wirklichkeit so verbunden hat, in diese irdische Wirklichkeit eingezogen ist und dadurch die lebendige Botschaft aus dem Kosmos geworden ist.«[124]

Die kosmische Tatsache wurde zur irdischen Tatsache (Joh. 1,14). Sie hat mit der materiellen Basis von Erde und Schöpfung zu tun. So betrachtet sei das Christentum — entgegen der kirchlichen Praxis — gar nicht als ein religiöses Einzelbekenntnis anzusehen, das nur denen gilt, die dem jeweiligen kirchlichen Credo folgen, vielmehr gilt es der gesamten Menschheit, ohne daß die Völker und Kulturen eigens zum »Christentum« bekehrt werden müßten:

»Nicht früher wird Einigkeit herrschen mit Bezug auf die Dinge, über die Einigkeit herrschen sollte über die ganze Erde hin, bis die Menschen erkannt haben die kosmische Bedeutung des Christus. Denn über die *kosmische Bedeutung* des Christus werden Sie zu dem Juden, zu dem Chinesen, zu dem Japaner, zu dem Inder sprechen können, wie Sie zu dem christlichen Europäer sprechen. Und damit eröffnet sich eine ungeheuer bedeutungsvolle Perspektive, auf der einen Seite für die Weiterentwicklung des Christentums auf der Erde, auf der anderen Seite für die Entwickelung der Menschheit auf der Erde. Denn Wege müssen gesucht werden zu solchen Seeleninhalten, die wirklich *alle* Menschen in gleicher Weise verstehen können.« [125]

Der Planet Erde hat somit nicht nur in einem weltgeschichtlichen Augenblick den Erdkreis getroffen. Christus — »[...] nun der Erde innerlichstes Himmelsfeuer« (Chr. Morgenstern) — ist geradezu zum »Geist der Erde« geworden; eine Anschauung, die aus anderer Perspektive ein Menschenalter nach Steiner von dem Jesuiten Pierre Teilhard de Chardin modifiziert und erneuert werden sollte. Und wenn sich gegen Jahrhundertende die Stimmen derer, auch aus dem theologischen Lager, mehren, die nach dem kosmischen Christus verlangen, dann steht in dieser Hinsicht die geistige Pioniertat Rudolf Steiners außer Frage.

In diesem Kontext sei an Gedanken erinnert, wie sie in der bereits 1920 aufgestellten These zum Ausdruck kommen: »Nicht eher ist das Christentum begriffen, als bis es bis zur Physik herunter unsre Erde durchdringt. Nicht eher ist das Christentum begriffen, bis wir herunter bis zum Physikalischen verstehen, wie die christliche Substantialität im Weltendasein wirkt.« [126] Der Dringlichkeit dieser Worte wird man wohl erst gewahr, wenn man sich klarmacht, wie weit diese zwischen den beiden Weltkriegen formulierte These von der tatsächlichen Gesinnung der Zeitgenossen entfernt war und weiterhin ist ...

Zum Evangelienverständnis

Die spirituelle Erfahrung der Menschen hat sich in »heiligen Schriften« niedergeschlagen. Von daher gesehen ist die Religionsgeschichte über weite Strecken eine Geschichte der Schriftauslegung (Hermeneutik). Das gilt auch für die Christenheit. Es ist jeweils die Frage zu klären, was ursprünglich bei der Niederschrift eines Textes gemeint war, ob er buchstäblich verstanden werden darf, ob er in bildhafter Form interpretiert werden muß und welche Gegenwartsbedeutung ihm von Fall zu Fall zuzusprechen ist.

Ein nicht geringer Teil der Steinerschen Vorträge ist der Interpretation biblischer Texte, meist solcher der Evangelien, gewidmet. Dabei läßt Steiner die theologisch-exegetische Arbeit weitgehend außer acht. Das macht seine Deutungen besonders angreifbar, wie man am Beispiel der beiden Jesus-Knaben sehen kann. Doch damit ist die von Steiner geübte spirituelle Interpretation als solche nicht außer Kraft gesetzt. Auf dem Wege der Inspiration empfangene Wortlaute verlangen eine adäquate Rezeption, so wie Kunstwerke vom Betrachter mehr verlangen als ein kunsthistorisches Fachwissen.

Sein methodisches Vorgehen hat Steiner erstmals in *Das Christentum als mystische Tatsache* (1902) umrissen, wo er u.a. von »höheren Methoden« spricht, als sie etwa in der Naturwissenschaft angewendet werden. Gemeint ist generell eine meditative Weise der Annäherung. Mit der Handhabung historisch-kritischer, formgeschichtlicher oder überlieferungsgeschichtlicher Methoden kann es nicht getan sein. Sein Argument lautet: »Auch über die bloß geschichtliche Erforschung der Dokumente des Geisteslebens muß ein also Forschender hinausschreiten [...]. Die ›Geschichte‹ kann da nur der Vorhof der eigentlichen Forschung sein. Nicht dadurch erfährt man etwas über die Vorstellungen, welche in den Schriften des Moses oder in den Überlieferungen der griechischen Mythen herrschen, daß man die geschichtliche Entstehung der Dokumente verfolgt [...]. Im Geistesleben wird man sich an den Geist und nicht an seine äußeren Dokumente zu halten haben.«[127]

Von seiner Position aus verlangt die von den Evangelien bezeugte »mystische Tatsache« der Christuserscheinung eine Deutung, die sich von einer nur historischen löst. Damit setzt er in gewisser Weise die allegorische bzw. symbolische Auslegung fort, wie sie bereits von hellenistischen Juden (zum Beispiel von Philo von Alexandrien fürs Alte Testament) und von christlichen Mysterientheologen (u. a. Origenes) angewandt wurde. Als Beispiel führt Steiner die »Wundererzählung« der Auferweckung des Lazarus (Joh. 11) an. Statt eine in fundamentalistischer Buchstäblichkeit anzunehmende Totenerweckung zu schildern, führt Steiner hierzu aus:

»Man nehme doch wörtlich, was Jesus im Johannesevangelium ist. Er ist das ›Wort, das Fleisch geworden ist‹. Er ist das Ewige, das im Urbeginne war. Ist er wirklich die Auferstehung, dann ist das ›Ewige, Anfängliche‹ in Lazarus auferstanden. Man hat es also mit einer Auferweckung des ewigen Wortes zu tun. Und dieses Wort ist das Leben, zu dem Lazarus auferweckt worden ist [...]. Lazarus ist durch den ganzen Vorgang ein anderer geworden. Vorher lebte nicht das Wort, der Geist, in ihm; jetzt lebt dieser Geist in ihm. Dieser Geist ist in ihm geboren worden. Gewiß ist doch mit jeder Geburt eine Krankheit, die Krankheit der Mutter, verknüpft. Aber diese Krankheit führt nicht zum Tode, sondern zu neuem Leben. Bei Lazarus wird [bzw. war] dasjenige ›krank‹, aus dem der neue Mensch, der vom Wort durchdrungene Mensch, geboren wird.«[128]

Und was das »Grab« anlangt, aus dem Lazarus erweckt wird, so verweist Steiner auf die metaphorische Redeweise, wie sie schon von Platon her bekannt ist, derzufolge der physische Leib das »Grab der Seele« sei. Wer »geistig« wird, bei dem wird der

Christusgeist aus dem Grab der physischen Leiblichkeit erweckt. So besteht für Steiner kein Zweifel darüber, daß das Geschehen von Bethanien nichts mit einem unglaublichen Mirakel einer Rückführung (im Stadium der schon eingetretenen Verwesung!) zu tun hat. Vielmehr ist an eine Erweckung im geistigen Sinn zu denken.

Die Schilderung des Evangelisten erfolgt in der Symbolsprache der Mysterien. Und auf die Frage, wie demnach ein Evangelienbericht zu lesen, wie er spirituell zu interpretieren sei, antwortet Steiner anhand der Schilderung im Johannesevangelium (Kap. 11): »Man durchtränke seine ganze Seele mit solchen Empfindungen, und man wird das rechte Verständnis zu dem Vorgang in Bethanien gewinnen. Man erlebt dann etwas ganz Besonderes bei der Erzählung des Johannes. Eine Gewißheit dämmert auf, die keine logische Auslegung, kein rationalistischer Erklärungsversuch geben kann. Ein Mysterium im wahren Sinn des Wortes steht vor uns [...].« Daran knüpft Steiner die generelle Empfehlung: »Man nehme das Johannesevangelium vor sich und schaue in bildhaft-körperhafter Wirklichkeit das Erkenntnisdrama, das die Alten vorführten, und man hat den Blick auf das Mysterium gerichtet.« [129]

Geht die moderne Bibelwissenschaft von der Hypothese vom Ineinanderfließen verschiedener Quellen, vom Vorhandensein von Sonderüberlieferungen (Sondergut) und von redaktionellen Überarbeitungen aus, so schlägt Steiner einen anderen Weg ein, nämlich den, daß er die uns tradierte Ganzheit der Evangelien mit ihrer typischen Komposition zugrunde legt. Er analysiert nicht literarhistorisch, um die so gewonnenen kleinen und kleinsten (formgeschichtlichen) Teilchen zu einer rekonstruierten Ganzheit zusammenzusetzen. Er nimmt vielmehr den Wortlaut der Bibel in der heutigen Gestalt und betrachtet die Abschnitte so, wie man ein Bild betrachtet. Aber auch ein Evangelium als

Ganzes ist von kompositorischen Figuren durchsetzt, die sich in eigentümlicher Weise zur Sprache bringen lassen.[130] Es handelt sich daher um ein künstlerisches, ein meditatives Betrachten. Dabei läßt man das Bild als solches auf sich wirken. Man hält bewußt alle Kritik zurück und gibt sich offen dem hin, was der jeweilige Wortlaut — es ist eben mehr als nur ein »Text«! — zu sagen hat.

Um beim Vergleich zu bleiben: Nicht Stil- oder Materialproben, auch nicht die sonstigen Analysen des Kunsthistorikers sind hier letztlich von Belang, sondern allein das, was der Kunst*liebhaber* vor dem angeschauten Objekt aufzunehmen in der Lage ist. Damit ist vergleichsweise etwas über die Forderung nach einer anderen Seelenverfassung gesagt, die da der Kunstfreund, dort der Bibelleser nötig hat, um — im Sinne Kierkegaards — mit dem Berichteten »gleichzeitig« zu werden. Der »garstige Graben« historischer Distanz wird überschritten, ein Verfahren übrigens, das von der Methode einer tiefenpsychologischen Bibelauslegung nicht allzu weit entfernt ist.

Eines der Elemente, die Anthroposophie für das Verständnis bereitstellt, ist ferner die Unterscheidung der verschiedenen Bewußtseinszustände. So ist beispielsweise zu prüfen, ob sich eine Handlung auf der physischen Ebene vollzieht, ob ein imaginatives Bildwahrnehmen oder ein inspiratives Hören und dergleichen vorliegt.

Zusammenfassend könnte man sagen: Was Rudolf Steiner in der Anthroposophie für das Verständnis der Bibel bietet, das ist eine Menschenkunde und eine Sachkunde, mit der auch jene Dimensionen in den Blick gefaßt werden können, die weder mit den Mitteln des Historikers noch durch eine von einer rationalistischen Grundeinstellung bestimmte Theologie erreichbar sind. Daß die wissenschaftliche Analyse durch eine spirituelle Betrachtung nicht zu ersetzen ist, versteht sich von selbst. Entsprechendes gilt für die historisch-kritische Analyse.

4. Kulturimpulse der Anthroposophie

Jede Geistesbewegung muß der Frage standhalten, zu welchen Resultaten sie geführt hat oder inwiefern von »Früchten« zu sprechen ist, an denen man sie erkennen kann. Nachdem philosophische und christologische Grundelemente der Anthroposophie vorgestellt worden sind, stellt sich daher die Frage nach der Verwirklichung und nach den Wirkungen, die von den Steinerschen Theorien ausgegangen sind.

Von außen betrachtet, nehmen sich diese so aus, als wende er sich mit ihnen vornehmlich an eine bürgerliche Elite mit betont spirituellen Bedürfnissen. Der Schein trügt. Wohl lag es im Schicksal Steiners, insbesondere während seiner theosophischen Zeit, ein Besitz- und Bildungsbürgertum als Vortragender bzw. als »Geisteslehrer« bedienen zu sollen.

Dabei ist jedoch nicht zu übersehen, wie wichtig ihm die soziale Frage geworden und geblieben ist: die Stellung des wirtschaftlich abhängigen Menschen, die Rolle der Frau, die Unfreiheit des geistigen Lebens, angefangen bei Schule und Volksbildung, bedingt durch wirtschaftliche Abhängigkeit und staatliche Gängelung. Sensibilisiert war Steiner bereits durch seine Herkunft aus einer unterprivilegierten Schicht, dann als ein mit Existenzproblemen kämpfender Schriftsteller und Kulturschaffender. Bis in seine zweite Lebenshälfte hinein gab es für ihn auch diese Seite seiner existentiellen Problematik. Der Kontakt mit Proletariern in der Berliner Arbeiterbildungsschule entsprach seiner eigenen Situation.

In der Zeit seiner Verbindung mit den anglo-indischen Theosophen war seine Klientel auf das Bürgertum konzentriert. Sie änderte sich innerhalb der anthroposophischen Bewegung kaum. Jedenfalls gelang es ihm nicht, Anthroposophie in die Bauern- oder Arbeiterschaft hineinzutragen, wenngleich er gelegentlich den Versuch dazu unternahm. Die gesellschaftlichen Fragen der Zeit verlor er jedenfalls nicht aus dem Blick. Früh ist beispielsweise *Die Erziehung des Kindes vom Gesichtspunkte der Geisteswissenschaft* (1907) von ihm bedacht worden; das geschah, lange bevor es für ihn eine konkrete Möglichkeit gab, als Schulgründer in Erscheinung zu treten.

Auf die moderne Bewußtseinslage anspielend sagte Steiner im Weltkriegsjahr 1918: »Eine fruchtbare Weltanschauung kann in unserem Zeitalter der Bewußtseinsseelenentwicklung nicht anders sein als eine solche, die auch Impulse gibt für das Zusammenleben der Völker. Ja, das war es, was von allem Anfange an unsere geisteswissenschaftliche Bewegung durchpulste: nicht sollte sie nur irgendeine sektiererische Bewegung sein [...]. Und so muß gerade im sozialen Leben aus dem Spirituellen heraus eine viel tiefer greifende, eine viel intensivere Idee den Menschen eigen werden.«[131]

Als er diese Feststellung traf, hatte für ihn längst die Phase der praktischen Umsetzung begonnen. Sie erstreckte sich — wie heute deutlich überschaubar — auf mehrere Gebiete des kulturellen wie des allgemeinen gesellschaftlichen Lebens.

Kunst

Ähnlich wie Goethe mit seiner Naturanschauung für den jungen Steiner richtungsweisend geworden war, so gewann er von daher Leitlinien für sein Kunstverständnis. Zu den ersten Zeugnissen hierzu gehört der Vortrag des Siebenundzwanzigjährigen, »Goethe als Vater einer neuen Ästhetik« (1888/89).[132] Steiner plante ursprünglich, so etwas wie eine goetheanistische Ästhetik auf breiterer Basis zu entwerfen. Die Aufgabenvielfalt ließ es dazu nicht kommen. Aus den zahlreichen Vorträgen und Aufsätzen, die zum Themenkreis entstanden sind, ließe sich jedoch eine solche Ästhetik ableiten.[133] Darüber hinaus betätigte sich Steiner auf vielen Gebieten der darstellenden Kunst, zum Beispiel graphisch entwerfend, malend, plastisch und architektonisch gestaltend, wobei der erste, nach seinen Plänen geschaffene, 1922 durch Brandstiftung zerstörte Goetheanum-Bau in Dornach bei Basel als ein Gesamtkunstwerk bezeichnet werden kann. Steiner entwarf nicht nur alle Formen des Baues, sondern er legte selbst Hand an. Er leitete das Heer seiner Mitarbeiterinnen und Mitarbeiter beim Schnitzen der Kapitelle und Architrave an. Wichtige Motive der Kuppelmalerei malte er selbst. Er zeichnete auch Vorlagen für die Gravierung der farbigen Glasfenster.

Die hier entwickelte und malerisch wie bildhauerisch angewandte goetheanistische Formensprache übernahm wohl Elemente des zeitgenössischen Jugendstils. Ihr eigenes Gepräge ist indes unverkennbar. Alle diese Elemente wirkten exemplarisch bis hin zu den heutigen anthroposophischen Zweckbauten, wie sie in Gestalt von Schulen, Kliniken, Betriebsgebäuden und Wohnhäusern in wachsender Zahl errichtet werden. Insofern wurde der künstlerische Impuls Steiners überall dort aufgenommen, wo es darauf ankam, schon durch die Raumgestaltung die zugrundeliegenden Intentionen im Leben wie im Arbeiten der Menschen auch optisch in Erscheinung treten zu lassen. Besondere Aufmerksamkeit pflegt man dabei der Farbgebung von Innenräumen zu schenken, indem man sich die (laut Goethe) »sinnlich-sittliche« Wirkung der Farbe für den Menschen zunutze machen will.

Der Wunsch, die anthroposophische Arbeit in eigens dafür hergerichteten Räumen darzustellen, ergab sich zum einen für bestimmte Vorträge noch während des ersten Jahrzehnts als Generalsekretär der »Theosophischen Gesellschaft«. Es waren beispielsweise mit Blick auf die Johannes-Apokalypse »Planetensiegel« und Säulenkapitelle in Vignettenform zu entwerfen, um das wörtlich Ausgeführte sinnbildlich zu unterstreichen.

Zum anderen entstand das Bedürfnis nach eigenen Räumen, als Steiner zwischen 1910 und 1913 in München seine vier »Mysteriendramen« geschrieben, einstudiert und aufgeführt hatte. Die Aufführungen mußten in jenen Jahren auf öffentlichen Bühnen erfolgen. Das konnte nur ein Notbehelf sein. Die Inszenierungen selbst entsprachen gewiß nicht allen technischen und künstlerischen Erfordernissen, zumal als Darsteller fast ausschließlich ungeschulte Kräfte herangebildet werden mußten. Der Dichter Christian Morgenstern (1872-1914) äußerte sich enthusiastisch über das in München Erlebte: »Das Steinersche Mysterium ist kein *Spiel*, sondern es *spiegelt* geistige Welten und Wahrheiten wider. Es leitet ein — mag sein noch mit mancher Mühsal eines Anfangswerkes, einer ersten Tat beladen — eine neue Stufe, eine neue Epoche der Kunst. Diese Epoche selbst ist noch fern [...].« [134]

Unter beträchtlichen finanziellen Anstrengungen der Mitglieder entstand von 1913 an, trotz der Belastungen des Ersten Weltkriegs, das Dornacher »Goetheanum« als der Zentralbau der Anthroposophie.

Im Goetheanum sollte noch eine andere, von Steiner 1912 ins Leben gerufene Bewegungskunst, die »Eurythmie« [135], zur öffentlichen Darstellung kommen. Als »sichtbare Sprache« und als »sichtbarer Gesang« ist die aus der Anthroposophie heraus gestaltete Kunstgattung bezeichnet worden. Sie läßt sich als eine an den Ausdruckstanz erinnernde Gebärdensprache erleben, »als Alltagsbeispiel vergleichbar dem Mitschwingen des Körpers bei Musik oder sprachbegleitender Gestik. Eurythmie versucht sichtbar zu machen, was im Laut und im Ton an Gestaltungsprinzipien und Ausdrucksqualitäten immanent vorhanden ist. Sie transformiert einen primär vorhandenen, sprachlichen oder musikalischen Verlauf in eine räumliche Bewegung oder eine Gebärde: Was in Sprache und Musik als hörbare Wort- und Ton*bewegung* wahrnehmbar ist, findet in der Eurythmie eine visuelle Darstellung«, erläutert Thomas Parr.[136]

Oder um es mit Steiners eigenen Worten zu beschreiben: »Eurythmie [...] ist aus der Gesetzmäßigkeit der menschlichen Organisation so herausgebildet wie der Ton im Gesang und ein Wort in der Sprache [...]. [Es] werden die in der Sprache und im Gesange lebenden unterdrückten Gesten zutage gefördert [...]. Eine Dichtung oder ein Musikstück kommen dadurch für das Auge zur Anschauung wie andererseits durch Sprache oder Singen für das Ohr zum Gehör.«[137]

Anzumerken ist schließlich, daß Steiner nicht in erster Linie als Kunstschaffender in Erscheinung treten wollte, so frappierend die Vielseitigkeit seiner künstlerischen Aktivitäten auch dem Nichtfachmann anmuten mag. Ebenso wichtig wie die mit unterschiedlichem Erfolg ausgeübte Praxis war ihm das Bestreben, das künstlerische Element in andere Kulturgebiete zu überführen. So spricht er bewußt von »Erziehungs*kunst*« und von »Heil*kunst*«, um anzudeuten, welch großen Wert er auf den schöpferischen Prozeß in der Erziehung und auf die Art des menschlichen Umgangs mit dem leidenden Menschen gelegt hat.

Die Dreigliederung des sozialen Organismus

Wie stark sich Steiner als Zeitgenosse verantwortlich fühlte, wird in keinem Abschnitt seiner Biographie deutlicher als in den Jahren während des Ersten Weltkriegs und der Nachkriegszeit, die zugleich seinen letzten Lebensabschnitt – er starb 1925 – bedeutete.

Wissenschaft und Kunst kamen für ihn in der Hauptsache zu ihrem Recht, als seine Aufgabe darin bestand, die Grundlagen der »anthroposophisch orientierten Geisteswissenschaft« zu legen. Dieser Aufgabe blieb er zwar zeitlebens verpflichtet. Aber es ergab sich wie von selbst, daß die gesellschaftlichen und kulturellen Konkretionen erst in der genannten Zeit zur Reife gelangten. So lebte er in der Überzeugung, die aktuellen sozialen Fragen müßten aus dem Spirituellen heraus gelöst werden. Und gerade in Zeiten ernster Krisen gehe es nicht an, lediglich eine esoterisch geartete Geistigkeit für eine kleine Schar gesellschaftlich Privilegierter zu pflegen. Das innen – eben *eso*terisch – Erarbeitete müsse vielmehr zu gegebener Zeit *exo*terisch umgesetzt, also nach »außen« gebracht und im gelebten Leben auf seine Tragfähigkeit hin überprüft werden. Und eben darin unterscheidet sich Anthroposophie von mancherlei geheimnistuerisch sich gebärdenden Pseudo-Esoterikern, die immer wieder den Markt zu beherrschen verstehen.

Das entscheidende äußere Fanal hatte der Ausbruch des Ersten Weltkriegs im Sommer 1914 gegeben. Zum einen brach Steiner eine bestimmte Form seiner internen Arbeit in der sogenannten »Esoterischen Schule« ab. Gleichzeitig arbeitete er darauf hin, die eigentlichen Ursachen des Kriegs offenzulegen. Hierzu bedurfte es einer Einsicht, deren Umsetzung wiederum geeignet sein mußte, die Richtung für eine umfassende gesellschaftliche Neuordnung zu markieren. Was diese Einsicht anlangt, so ist diese in denkbar knapper Form in einer nur wenige Seiten umfassenden

Anmerkung zu dem 1917 erschienen Buch *Von Seelenrätseln* skizziert. Darin weist Steiner darauf hin, das zu Schildernde sei Ergebnis »einer dreißig Jahre währenden geisteswissenschaftlichen Forschung« [138].

Konkret handelt es sich um einen neuen Aspekt der anthroposophischen Menschenkunde, nämlich um die Beziehungen des Seelischen zu dem Physisch-Leiblichen. Auf einen knappen Nenner gebracht, ist das Vorstellen auf Nervenvorgänge gestützt; das Wollen wurzelt in Stoffwechselvorgängen; das Fühlen ist — zwischen den beiden Polen — im mittleren Menschen lokalisiert, d. h. es wird durch den Herz- und Atemrhythmus bestimmt. Volle Wachheit herrscht am Nerven-Sinnespol; in einem traumartigen Bewußtsein lebt das rhythmische System; in totaler Unbewußtheit ruht der Wille. Die Tätigkeitsformen dieser drei Funktionen (Nerventätigkeit, Atmungsrhythmus und Stoffwechseltätigkeit) liegen nicht völlig getrennt nebeneinander, sondern sie durchdringen einander und gehen ineinander über.

Von dieser Dreigestalt der menschlichen Funktionen hat Steiner die Prinzipien für die »Dreigliederung des sozialen Organismus« abgeleitet. Zeitgeschichtlich geschah dies, wie erwähnt, 1917, das mit guten Gründen als ein »Epochenjahr« des 20. Jahrhunderts angesehen wird. Dieses dritte Kriegsjahr wurde durch die Koinzidenz zweier ereignisschwerer Tatsachen geprägt: im Westen das Übergreifen der USA nach Europa, im Osten der Sieg des Bolschewismus in Rußland. [139] Welche Aufgabe wäre damals den politisch Verantwortlichen in der Mitte Europas zugewachsen — wenn sie zu neuen Gedanken fähig gewesen wären? Als Urheber des Dreigliederungsgedankens schrieb Steiner zwei Jahre nach Kriegsende (1920) hierüber:

»Im Jahre 1917 sprach ich in engeren Kreisen mit einer Anzahl von Persönlichkeiten über die Dreigliederung des sozialen Organismus. Meine Absicht dabei war, politisch Denkende dafür zu gewinnen, der Politik Wilsons eine andere entgegenzusetzen. Wilsons Gedanken schienen mir kein Ausweg aus der Wirrnis, in der sich die Welt befand. Man konnte, indem man diese Gedanken als Schlagworte weithin hörbar machte, Armeen in Bewegung setzen, man konnte Kriegsschiffe über das Weltmeer senden, aber sie enthielten nichts von dem, was in der Menschheit der Gegenwart unbewußt nach einem Herauskommen aus den alten Machtverhältnissen rang und was, weil es sich vernünftig nicht äußern konnte, sich in der Unvernunft des Weltkrieges entladen hatte.«[140]

Die von Steiner in den Blick gefaßte Dreigliederungs-Idee meinte eine konkretisierte Anwendung der ursprünglichen Ideale der Französischen Revolution: der Freiheit, der Gleichheit und der Brüderlichkeit. Die Parole als solche konnte freilich nicht genügen. Steiner meinte sie in der Weise praktikabel zu machen, daß er forderte: Freiheit für das geistige Leben, Gleichheit für den Menschen im politisch-gesellschaftlichen Leben, schließlich Brüderlichkeit im wirtschaftlichen Miteinander. Konkret entspricht dies einer konsequenten Entflechtung der gesellschaftlichen Bezüge, so daß beispielsweise Staat und Wirtschaft ihren Einfluß auf das geistige Leben, angefangen bei Erziehung und Schule, zurücknehmen.

Auf Bitten seiner Gesprächspartner verfaßte Steiner noch im Jahre 1917 zwei Memoranden, die einflußreichen Politikern in Deutschland und Österreich übermittelt wurden. Hinzu traten eine Reihe anderer Aktivitäten bis hin zu persönlichen Kontakten mit Vertretern in Regierung und Diplomatie auf verschiedenen Ebenen. In seiner in großer Auflage verbreiteten Schrift *Die Kernpunkte der sozialen Frage* ist der einzuschlagende Weg einer Neuorientierung niedergelegt. In (allzu) großer Eile geschulte Agitatoren der Dreigliederungsidee versuchten, wie Steiner selbst, das Gedankengut unter das Volk zu bringen. Arbeiter, Betriebsräte, Gewerkschaftsvertreter gehörten zu seinen Zuhörern und Gesprächspartnern. Das Echo war naturgemäß geteilt. Eine Reihe von Unternehmern, in der Hauptsache im süddeutschen Raum, fanden sich bereit, Steiners Anregungen an der wirtschaftlichen Basis mit persönlichem Einsatz und durch Kooperativen in die Tat umzusetzen.

Steiner appellierte an einen Sozialisierungswillen, der den bisherigen Klassenkämpfen den Boden entziehen sollte, bei gleichzeitiger Einschränkung der staatlichen Kompetenzen. Schließlich forderte er ein Wirtschaftsleben,

»in dem der Arbeiter dem Arbeitleiter so gegenübertritt, daß zwischen beiden ein freies Gesellschaftsverhältnis über die Leistungen vertragsmäßig zustande kommen kann, so daß das Lohnverhältnis völlig aufhört. Dazu ist die völlige Sozialisierung des Wirtschaftslebens [...] notwendig [...]. Es darf nicht produziert werden, um zu profitieren, sondern nur um in Gemäßheit der allgemeinen sozialen Verhältnisse zu konsumieren [...]. In allen Einzelheiten des sozialen Lebens will [sich] der Impuls nach dem dreigegliederten sozialen Organismus [auswirken]:
  1. Entwicklung des Menschen in allen seinen Fähigkeiten durch das selbständige Geistesleben;
  2. Herstellung der Menschenrechte durch den Ausschluß aller nicht allgemein-menschlichen Interessen vom Rechtsboden;
  3. Gerechte Güterverteilung in einem richtigen Wertgestaltungsverhältnis der Güter (Waren) durch Umgestaltung des gegenwärtigen Kapital- und Lohnsystems [...].«[141]

Alles Wunschbilder eines utopischen Idealisten? — Es zeigte sich jedenfalls sehr bald, daß der Enthusiasmus der Aktiven den Widerständen in Politik und Gesellschaft, in der Wirtschaft und nicht am wenigsten innerhalb bestimmter Gruppierungen der anthroposophischen Bewegung selbst auf die Dauer nicht gewachsen war. Die sogenannte Dreigliederungs-Arbeit scheiterte. Die involvierten Unternehmungen mußten — angesichts der unaufhaltsamen Totalinflation in Deutschland Anfang der zwanziger Jahre — Konkurs anmelden. Eine Formation innerhalb des Dreigliederungsgeschehens überlebte jedoch. Sie erwies sich bis heute als zukunftsträchtig: Steiners pädagogischer Impuls, die Waldorfschule.

Waldorfpädagogik

Wird nach Erscheinungsformen anthroposophischer Arbeit gefragt, dann rangieren die Rudolf-Steiner-Schulen, und damit die Waldorfpädagogik, im allgemeinen Bewußtsein meist an erster Stelle. Das ist nicht zuletzt auf das Unbehagen an der traditionellen Schule zurückzuführen, das Schüler, Eltern und Lehrer je auf ihre Weise artikulieren. Gefordert wird eine »humane« Schule, eine Schule, die nicht allein Wissen vermittelt und durch ein fragwürdiges Ausleseprinzip den heranwachsenden Menschen mit einer aggressiven Grundhaltung für den »Lebenskampf« ausrüstet, damit der Stärkere, Bessere über den Schwächeren, über den gegebenenfalls Hilfebedürftigen »siege«. Gefordert wird eine Schule, die angstfreies Lernen und selbstbewußtes, sozial- wie mitweltsensibles Handeln anregt.

Wie bekannt, gelingt es immer seltener, im allgemeinen Schulbetrieb diesen Desideraten zu entsprechen. So ist das Interesse an »freien Schulen« mit alternativen Bildungsangeboten immer noch im Wachsen begriffen. Davon profitiert die Waldorfpädagogik Rudolf Steiners. Aber das ist gewiß nur ein Moment neben anderen.

Reformschulversuche hat es immer gegeben. Was den Steinerschen Ansatz gegenüber jenen auszeichnet, so erfolgte er nicht als ein auf die pädagogische Provinz begrenztes Bemühen. Vielmehr basiert er, wie alle anderen kulturellen Initiativen des Schulbegründers, auf der universell ausgerichteten »Weltanschauung«, genauer: auf den schon genannten Erkenntnisgrundlagen, d.h. auf einer »Erkenntniswissenschaft«. Ob und unter welchem Aspekt der oft gehörte — aus anderem weltanschaulichen Vorverständnis heraus erhobene — Vorwurf einer »Weltanschauungsschule« gerechtfertigt ist, bleibe dahingestellt.

Ein weiterer wesentlicher Charakterzug der Steinerschen Pädagogik ist darin zu sehen, daß in ihr nicht allein eine bestimmte Menschenkunde und ein ihr adäquates Wirklichkeitsbild vermittelt werden. Es sind daher auch nicht abstrakte Prinzipien, von irgendeiner äußeren Instanz (Politik, Wirtschaft, Kirche etc.) verordnete Bildungsziele, nach denen unterrichtet werden soll. Vielmehr soll der werdende Mensch selbst im Mittelpunkt stehen, dessen in Altersstufen sich aussprechende Entwicklungstendenzen und Lebensbedürfnisse im pädagogischen Geschehen zu berücksichtigen sind.

Waldorfpädagogik könnte daher selbst bei größtem Wohlwollen staatlicherseits nicht etwa »von oben« herab verfügt und eingeführt werden. Keine der heute neu zu begründenden Steiner-Schulen entsteht auf diese Weise. Immer ist die Initiative, der (Erkenntnis-)Wille der jeweiligen Elternschaft und der hinzugezogenen Lehrer maßgebend. Auf diese Weise kommt die vom Steinerschen Dreigliederungsgedanken her bekannte »Freiheit des Geisteslebens« zur Anwendung. Hier mag sich diese Freiheit im Blick auf die Kinder und unter Berücksichtigung der besonderen örtlichen Gegebenheiten in die Praxis umsetzen. Ähnlich lagen die Dinge bei der ersten Stuttgarter Waldorfschule im September 1919.

Was die Person Steiners anlangt, so war das pädagogische Element in seinem ganzen Leben bestimmend: Die wirtschaftlich beengten Verhältnisse der Steiner-Familie legten nahe, daß Sohn Rudolf noch als Schüler jüngeren Mitschülern Nachhilfe geben mußte. Noch während seiner Studien an der Technischen Hochschule in Wien nahm er einige Jahre hindurch für vier Jungen die Aufgabe eines Hauslehrers wahr. In einem Fall handelte es sich um ein heilpädagogisch zu betreuendes Problemkind (Otto Specht). Ehe Steiner zu den Theosophen stieß, unterrichtete er (1899-1905) an der marxistischen Arbeiterbildungsschule in Berlin. Die Mitgliedschaft in der »Theosophischen Gesellschaft« (ab 1902) bedeutete für ihn in veränderter gesellschaftlicher Umgebung die Übernahme einer ausgedehnten Vortrags- und Lehrtätigkeit. Auf diese Weise war somit der Fall gegeben, daß Steiner in den einzelnen Lebenssituationen recht verschieden geartete pädagogische Tätigkeiten zu erfüllen hatte: ein geborener Erzieher.

Daß dieses Thema in seine theosophisch-anthroposophische Tätigkeit eingebettet war, entnimmt man bereits den ersten theosophischen Veröffentlichungen. So taucht unter den Aufsätzen der von ihm herausgegebenen Zeitschrift »Lucifer-Gnosis« einer mit der Überschrift »Die Erziehung des Kindes vom Gesichtspunkte der Geisteswissenschaft« (1907) auf.[142] Zu diesem Thema hielt Steiner auch in verschiedenen Orten Deutschlands Vorträge. Hier ist erstmals zum Ausdruck gebracht, unter welchen Gesichtspunkten erzogen und der schulische Elementarunterricht gestaltet werden sollte.

Folgende Gedanken werden in der kleinen Schrift ausgesprochen: Wer zukunftweisende Vorschläge machen will, muß sich mit den Grundlagen des menschlichen Lebens vertraut machen. Dazu bedarf es einer geisteswissenschaftlichen Fundierung. Diese Geisteswissenschaft, wie er sie versteht, »erfindet keine Programme«. Sie liest die Bedürfnisse des heranwachsenden Menschen an diesem selbst ab: an seinem physischen, Lebens- und Seelenleib, und zwar mit Blick auf das Ich, die Personmitte des erwachsenen Menschen. Die ganze Kulturentwicklung drückt sich für den Menschen in der Arbeit des Ich aus, das die ihm zugeordneten Wesensglieder (wie im Kapitel über die Menschenkunde beschrieben) zur Reife bringt.

Als Erzieher teilt man nicht nur Wissen mit oder setzt man nicht nur beispielgebende Leitbilder, sondern »man arbeitet an diesen vier Gliedern der menschlichen Wesenheit«. Hier kommt der Zeitfaktor ins Spiel. Geburt, Zahnwechsel und Eintritt der Geschlechtsreife setzen wichtige Marken. Von daher ergeben sich (als Annäherungswerte zu verstehende) Abstände von sieben Jahren: das siebte, vierzehnte und 21. Lebensjahr. »Nicht allgemeine Redensarten, wie etwa ›harmonische Ausbildung aller Kräfte und Anlagen‹ und dergleichen, können die Grundlage einer echten *Erziehungskunst* sein, sondern nur auf einer wirklichen Erkenntnis der menschlichen Wesenheit kann eine solche aufgebaut werden [...]. Man muß wissen, auf welchen Teil der menschlichen Wesenheit man in einem bestimmten Lebensalter einzuwirken hat und wie solche Einwirkung sachgemäß geschieht.«[143]

In knapper Skizzierung zeigt Steiner, wie beispielsweise in der Zeit bis zum Zahnwechsel »Nachahmung und Vorbild« wesentliche Bildungsmöglichkeiten des Lehrers und Erziehers darstellen. Für das nachfolgende Jahrsiebt nennt er »Nachfolge und Autorität« als bestimmende Faktoren, und er verweist auf die praktischen methodischen Konsequenzen, die sich im Schulalltag anwenden lassen: »Nicht abstrakte Begriffe wirken in der richtigen Weise auf den wachsenden Äther- [oder Lebens-]Leib, sondern das Anschauliche, nicht das Sinnliche, sondern das Geistig Anschauliche.« Gemeint ist die Lehrerpersönlichkeit als solche, zu der das Kind anerkennend aufschauen kann. »Die großen Vorbilder der Geschichte, die Erzählung von vorbildlichen Männern und Frauen müssen das Gewissen, müssen die Geistesrichtung bestimmen, nicht so sehr abstrakte sittliche Grundsätze [...].«[144]

Eine Reihe von Einzelangaben sind bereits in diesen frühen Ausführungen enthalten: welches Spielzeug für die Zeit des ersten

Schulalters zu empfehlen ist, welche Farbe die Wände eines Schulzimmers tragen sollten, um aufgeregte Kinder ruhiger, andere aktiver werden zu lassen; welche Unterrichtsinhalte zu welcher Zeit dem Aufnahmevermögen der Schüler entgegenkommen; wann die Bildung eines selbständigen Urteils zu fördern ist, damit keine Vorurteile genährt werden und die Kritikfähigkeit die zu erwartende Reife erlangt.

Bis zur tatsächlichen Anwendung dieser und ähnlicher Vorstellungen sollten zwölf Jahre vergehen. Wie erwähnt, war Steiner auf die Schulgründung in mehrfacher Hinsicht vorbereitet. Seine Absicht, die von ihm erarbeitete theosophisch-anthroposophische Esoterik in der Alltagswirklichkeit einer Feuerprobe zu unterziehen, bestand wohl von Anfang an. Oft war es aber so, daß es bei vielen seiner kulturellen Aktivitäten einer Anfrage von außen bedurfte, um konkreten Bedürfnissen seiner Fragesteller zu entsprechen. So war es auch im Falle der Schulgründung.[145]

Steiners Vorträge während der »Dreigliederungszeit« (etwa ab 1918/19) wurden sowohl von der Arbeiterschaft der Waldorf-Astoria-Zigarettenfabrik in Stuttgart als auch von ihrem Firmenchef Emil Molt in der Weise aufgenommen, daß die Betriebsangehörigen eine »alternative« Schule für ihre Kinder verlangten und Molt für die wirtschaftliche Fundierung der ersten »freien Waldorfschule« Sorge trug.

Steiner, der durch den seit 1913 in Gang gesetzten Goetheanum-Bau weitgehend in Anspruch genommen war, nahm die Herausforderung an. In der von wirtschaftlichen wie gesellschaftlichen Erschütterungen gezeichneten Nachkriegszeit scharte er eine Anzahl von Frauen und Männern um sich, die er binnen weniger Monate auf die spezielle Unterrichtstätigkeit vorbereitete. Gleichzeitig entwickelte er einen Lehrplan für die einzelnen Altersstufen, wobei Elemente seiner Schrift über die *Erziehung des Kindes* zusammen mit seinen Erwägungen zu einer anthroposophisch ausgerichteten Menschenkunde erstmals im Schulalltag zu erproben waren. Abgesehen von Seminarübungen, Anleitungen zu methodisch-didaktischen Fragen und Beratungen für das zu formende erste Lehrerkollegium hielt Steiner spezielle Vorträge über »allgemeine Menschenkunde als Grundlage der Pädagogik«[146]. Ihnen folgten bis 1924 eine Reihe weiterer Vortragszyklen in der Schweiz, Deutschland, Holland und England.

Steiner ging es nicht allein darum, im engeren Sinn des Wortes »anthroposophische Pädagogik« zu entwerfen. Wichtig war ihm, daß die Methodik des Lehrens ebenso wie die Bedingungen des Erziehens in einen größeren gesellschaftlichen wie geistesgeschichtlichen Zusammenhang gerückt würden. Er war sich deutlich bewußt — und dieses Bewußtsein suchte er bei seinen pädagogischen Mitarbeitern zu entfachen —, daß in diesem Kontext der Beruf des Erziehers einer Mission besonderer Art entspricht. An die Lehrerschaft gewandt sagte er einleitend: »Wir kommen mit unserer Aufgabe nur zurecht, wenn wir sie nicht bloß betrachten als eine intellektuell-gemüthafte, sondern als eine im höchsten Sinne moralisch-geistige; und daher werden Sie es begreiflich finden, daß wir, indem wir heute diese Arbeit beginnen, uns zunächst besinnen auf den Zusammenhang, den wir gerade durch diese unsere Tätigkeit gleich im Anfang herstellen wollen mit den geistigen Welten. Wir müssen uns bewußt sein bei einer solchen Aufgabe, daß wir nicht arbeiten bloß als hier auf dem physischen Plan lebende Menschen [...].«[147]

In der Ansprache zur Eröffnungsfeier am 7. September 1919 in Stuttgart verwies Steiner auf die zu initiierende »soziale Gemeinschaft mit dem werdenden, dem aufwachsenden Menschen« und sprach von einem Gemeinschaftsdienst, in den das belebende Element des Künstlerischen einfließen solle. Seine Ausführungen gipfelten in der Frage:

»Und ist es nicht schließlich eine höchste, heilige, religiöse Verpflichtung, das Göttlich-Geistige, das ja in jedem Menschen, der geboren wird, neu erscheint und sich offenbart, in der Erziehung zu pflegen? Ist dieser Erziehungsdienst nicht religiöser Kult im höchsten Sinne des Wortes? [...] Altardienst, den wir verrichten, indem wir heranzubilden versuchen im werdenden Kinde, das sich als veranlagt offenbarende Göttlich-Geistige des Menschen:

Lebendig werdende Wissenschaft,
Lebendig werdende Kunst,
Lebendig werdende Religion!«[148]

Damit ist jeweils auf den Prozeß des Vollzugs hingewiesen, auf das pädagogische wie künstlerische Geschehen, das nicht mit fertiger und damit toter Begrifflichkeit verwechselt werden darf. Praktisch drückt sich dies im Schulalltag beispielsweise darin aus, daß während der Unter- und Mittelstufe über einige Jahre hinweg in Fächern wie Geschichte, Erdkunde, Biologie, Physik oder Chemie nicht die üblichen vorgeformten Schulbücher verwendet werden. Der jeweilige »Stoff« wird vielmehr im Unterricht entwickelt und im Arbeitsheft von jedem Schüler — gewissermaßen künstlerisch — gestaltet, so daß er sich erlebend, gedanklich durchdringend stärker mit dem Dargebotenen verbinden kann.[149]

Daß Steiner auf die Erkenntnisentwicklung seiner Lehrer besonders bedacht sein mußte, versteht sich von selbst. Mit der bloßen Mitgliedschaft eines Waldorflehrers in der »Anthroposophischen Gesellschaft« wäre es ebenso wenig getan wie mit der »gläubigen« Anerkennung der Steinerschen Anschauungen. Der Schulgründer, der übrigens bis an sein Lebensende auch als Leiter der Stuttgarter Schule fungierte, mußte darauf dringen, daß seine Lehrer den Erkenntnisweg gehen und für ihr praktisches Tun fruchtbar machen. Daraus ist jedoch nicht die Vermutung abzuleiten, daß in einer Steiner-Schule Anthroposophie »unterrichtet« würde. Diese ist der Aktivität des Erwachsenen allein vorbehalten.

Die schon zu seinen Lebzeiten von außen herangetragene Kritik veranlaßte Steiner zur Stellungnahme: »Wir wollen hier in der Waldorfschule keine Weltanschauungsschule einrichten. Die Waldorfschule soll keine Weltanschauungsschule sein, in der wir die Kinder möglichst mit anthroposophischen Dogmen vollstopfen. Wir wollen keine anthroposophische Dogmatik lehren. Anthroposophie ist kein Lehrinhalt, aber wir streben hin auf praktische Handhabung der Anthroposophie. Wir wollen umsetzen diejenige, was auf anthroposophischem Gebiet gewonnen werden kann, in wirkliche Unterrichtspraxis.« [150]

Das pädagogische Konzept wäre unvollständig referiert, würde nicht auch die von Steiner in seinem letzten Lebensjahr (1924) eingeleitete anthroposophische Heilpädagogik erwähnt. Im Sommer 1924 hielt Steiner vor einem kleinen Kreis von Heilpädagogen und Ärzten einen Vortrag[151], ergänzt durch zusätzliche Ausführungen im Zusammenhang von Fallbesprechungen. Hier sprach (und spricht) man bezeichnenderweise nicht etwa von »Behinderten«, sondern von »seelenpflegebedürftigen« Menschen. Die dabei angewandte diagnostische Methode baut naturgemäß ebenfalls auf der anthroposophischen Menschenkunde auf. Diese ist in der Heilpädagogik von gesteigerter Bedeutung. Denn nicht der eigentliche Kern eines seelenpflegebedürftigen Kindes, seine Geistgestalt (das Ich), ist erkrankt. Er bleibt auch bei schwersten Formen der seelischen wie körperlichen Mangelerscheinungen unangetastet. Nicht dieses unvollständig oder mangelhaft inkarnierte Ich ist erkrankt, sondern die Wesenshüllen (physischer Leib, Lebensleib, Seelenleib). Der Geist kann nicht erkranken.

Die daraus folgende Konsequenz ist eine eminent praktische. Sie besteht in einer intensiven Zuwendung des Heilerziehers, vor allem in einer vollmenschlichen Teilhabe am Schicksal des anderen. Denn nicht irgendwelche technischen Kniffe zeichnen die hier gemeinte Heilpädagogik aus, sondern der zwischenmenschliche Umgang eines individuell abzustimmenden gemeinsamen Lebens. Denn, so schrieb Steiner einem Fragesteller einmal: »Man kann kaum einem Menschen seelisch etwas sein, in dessen Innenlage man sich nicht versetzen kann. Doch hilft bei diesem Sich-Versetzen keine Reflexion, sondern nur das wie selbstverständliche Sich-Finden im anderen Menschen.«

Das Medium der Heilerziehung ist somit der Mensch selbst, der Mensch, der im Zeichen der Reinkarnation am rätselhaften Schicksal des leidenden Menschen hingebungsvoll teilnimmt. Vor der Idee der wiederholten Erdenleben hat jede Verkörperung — auf Zukunft hin — Sinn, selbst wenn der Augenschein dagegen sprechen sollte. Die Schilderungen aus der Praxis zeigen, wie ärztliches, erzieherisches, künstlerisches und praktisches Tun eine Ganzheit darstellen.

Die heilende Erziehung erstreckt sich über viele Felder kreativer Betätigung. Sie reicht von der lebenslangen Pflege der körperlich Hinfälligsten bis hin zur Arbeit mit jenen, die je nach ihren individuellen körperlichen und geistigen Fähigkeiten im Erwachsenenalter in ihnen gemäße Produktionsprozesse eingegliedert werden können und im Zusammenleben mit Gesunden erfahren, angenommen und in ihrem Menschsein bestätigt zu werden.

Medizin

Unter den Mitgliedern der anthroposophischen Bewegung fand sich immer wieder eine Anzahl von Ärzten. Von daher ergab es sich, daß Steiner gebeten wurde, von der Geisteswissenschaft her Anregungen für ihr berufliches Tun zu vermitteln. Persönlichkeiten wie die holländische Ärztin Ita Wegman (1876-1943) verlangten nach Grundlegendem.[152]

I. Wegman dachte an die Erneuerung der antiken Mysterienmedizin, d. h. an eine Heilweise, die spirituelle Erkenntnis für die Medizin in ihren verschiedenen Bereichen sowie für die Pharmakologie fruchtbar macht. Im Grunde lag derartiges auch in der Absicht Steiners. Aber dazu bedurfte es entsprechender Anstöße, ehe er hier aktiv werden konnte.

Bis in die Zeit des Ersten Weltkriegs lagen von Steiner kaum einschlägige Arbeiten vor, sieht man von verschiedenen Ratschlägen ab, die er auf Anfrage an einzelne Ärzte weitergab. Festzuhalten ist vor allem, daß er dem Vernehmen nach zu keinem Zeitpunkt etwas unternahm, um seine paranormalen Fähigkeiten, etwa in der Art eines Naturheilers, diagnostisch-therapeutisch einzusetzen. Er wollte Anthroposophie vor dem Ruch bewahren, unter ihrem Deckmantel fröne man dem Dilettantismus. Die von ihm gemachten Angaben sollten — ähnlich wie seine Anweisungen auf dem Erkenntnisweg — klar überschaubar und durch andere nachvollziehbar sein. Eine etwaige magische Übertragung von Heilkräften stand für ihn nicht zur Diskussion. Und wenn er sich zu Fragen der Heilkunst äußerte, so geschah dies in mehreren Vorträgen, die ausschließlich vor approbierten Ärzten, Medizinstudenten und Angehörigen der Heilberufe gehalten wurden. An diesem Grundsatz hielt er fest.

Einen Anfang machte der erste Medizinerkurs 1920, dem weitere Unterweisungen folgten. Man arrangierte die Zusammenarbeit bei Visiten in Ita Wegmans kleiner Privatklinik sowie bei der Findung und der Herstellung von Heilmitteln. Auch in Stuttgart war eine kleine Klinik entstanden, der Steiner beratend zur Verfügung stand. Von den Ärzten, die Steiners Ratschläge in Anspruch nahmen, liegen mitstenographierte Protokolle und Berichte vor. So schreibt die Ärztin Grete Kirchner-Bockholt:

»Für jeden seiner Besuche bereiteten wir sorgfältig alles vor, Analysen und Untersuchungsbefunde lagen bereit; er sah sich alles genauestens an. Dann aber, als die Patienten vor ihm standen, war seine Methode völlig verschieden von der hergebrachten. In scharfer Konzentration schaute er auf den Patienten. Sein Blick wandte sich den Wesensgliedern dieses Menschen zu. Ihm war es möglich, mit exaktem Hellsehen die Ursache der Krankheit zu erforschen. Die Symptome drängten sich ihm zusammen zu einem in der Totalität überschaubaren Ursachen-Komplex. Der Zeitenablauf wurde fortdauernde Gegenwart.«[153]

Wie sich eine Diagnose ergeben konnte, zeigt der Fall einer Patientin, die bereits andere Kliniken durchlaufen hatte. Steiners Mitarbeiter stimmten mit der dort erfolgten Diagnose überein, d.h. mit dem angeblich charakteristischen Fall von multipler Sklerose (MS). Steiner selbst widersprach aber diesem Befund, weil nach seiner Beobachtung bereits eine gewisse Schwäche im Bulbärteil des Rückenmarkes vorliege. Ein Unfall habe den Tatbestand verschlimmert. Die darauf folgende Befragung der Patientin ergab, daß sie in jungen Jahren gestürzt war, als sie in Paris aus der Straßenbahn springen wollte. Die Krankheit selbst habe sich im 28. Lebensjahr mit den Symptomen von MS gezeigt. Aufgrund dieser Mitteilungen war natürlich eine andere als bei MS übliche Behandlung erforderlich.

Nun konnte Steiner seine okkulte Weise der ärztlichen Untersuchung nicht vermitteln. Er forderte jedoch ihm nahestehende anthroposophische Ärzte auf, ein Vademecum mit grundsätzlichen Ausführungen einer anthroposophischen Medizin zu erarbeiten. Diese Erwartungen blieben jedoch unerfüllt. Das veranlaßte ihn dazu, in Zusammenarbeit mit Dr. Ita Wegman ein solches Buch selbst zu schreiben. Dieses Unternehmen fiel in seine allerletzte Lebenszeit, als er selbst bereits erkrankt war, so daß er die Korrekturen für die Drucklegung auf dem Krankenlager las und mit seiner Ärztin Ita Wegman besprach.[154]

Nach dem Gesagten wendet sich das Buch an Ärzte. Einleitend ist zum Ausdruck gebracht, wie der Steinersche Beitrag zur Medizin verstanden und aufgenommen werden will:

»Nicht um eine Opposition gegen die mit den anerkannten wissenschaftlichen Methoden der Gegenwart arbeitende Medizin handelt es sich. Diese wird von uns in ihren Prinzipien voll anerkannt. Und wir haben die Meinung, daß das von uns Gegebene nur derjenige in der ärztlichen Kunst verwenden soll, der im Sinne dieser Prinzipien vollgültig Arzt sein kann. – Allein wir fügen zu dem, was man mit den heute anerkannten wissenschaftlichen Methoden über den Menschen wissen kann, noch weitere Erkenntnisse hinzu, die durch andere Methoden gefunden werden, und sehen uns daher gezwungen, aus dieser *erweiterten* Welt- und Menschenerkenntnis auch für eine Erweiterung der ärztlichen Kunst zu arbeiten.«[155]

In den ersten Kapiteln des Buches wird die anthroposophische Menschenkunde mit Blick auf das ärztliche Tun rekapituliert, ehe von Pathologie und Therapie anhand von Fallbeispielen die Rede ist. Knappe Ausführungen beschäftigen sich mit den Heilverfahren selbst, mit Fragen der »Substanz-Erkenntnis als Grundlage der Heilmittel-Erkenntnis«.

Vorgestellt werden einige typische Heilmittel sowie die von Steiner entwickelte Heil-Eurythmie, eine Modifizierung der oben besprochenen künstlerischen Eurythmie: »Bewegungen, die so ausgeführt werden, wirken auf die erkrankten Organe zurück. Man sieht, wie hier äußerlich Ausgeführtes sich gesundend in die Organe hinein fortsetzt, wenn einer Organerkrankung die bewegte Gebärde genau angepaßt ist. Weil diese Art, durch Bewegungen in dem Menschen zu wirken, auf Körper, Seele und Geist geht, wirkt sie in intensiverer Art in das Innere des kranken Menschen hinein, als alle andere Bewegungstherapie [...]. Nur auf der Grundlage einer sachgemäßen Diagnose kann die heileurythmische Handlung ausgeführt werden.«[156]

Was die Heilmittelfindung und -herstellung anlangt, so gehen auf Steiner eine Reihe von Medikamenten zurück. Am bekanntesten ist das bei der Karzinombehandlung seitdem angewandte Mistelpräparat Iscar bzw. Iscador. Ein Züricher Apotheker, mit dem Ita Wegman zusammenarbeitete, Adolf Hauser, von 1902 bis 1907 Präsident des Züricher Apothekervereins, stellte nach Angaben von Steiner und Wegman das Mittel her. Da sich das Arzneibüchlein A. Hausers erhalten hat, läßt sich das Vorgehen von einst rekonstruieren.[157] Die erste erfolgreiche Anwendung dieses Karzinom-Präparats erfolgte 1917. Heute wird das weiterentwickelte Heilmittel auch in nichtanthroposophischen Praxen verschrieben und eingesetzt.

Schließlich ist auf eine Reihe von anthroposophischen Kliniken und Sanatorien zu verweisen, in denen nicht nur die geisteswissenschaftlich »erweiterte Heilkunst« angewandt wird, sondern wo Ausbildung, Pflege und Klinikorganisation auf der Basis der Anthroposophie erfolgten. Der Gesichtspunkt einer »erweiterten Heilkunst« ergibt sich aus der Tatsache, daß grundsätzlich alle Operations- und Behandlungsmethoden zum Einsatz kommen, daß aber dem Steinerschen ganzheitlichen Verständnis des Menschen, seinem Verständnis von Gesundheit und Krankheit dabei eine richtungsweisende Funktion zuerkannt wird.

Biologisch-dynamische Landwirtschaft

Daß man einem Goethe-Forscher und Philosophen, einem mit vielfältigen praktischen pädagogischen, medizinischen und künstlerischen Aufgaben vollauf beschäftigten Menschen wie Rudolf Steiner auch Probleme der Bodenbearbeitung und der Düngung vorlegen konnte, das wußten eine Reihe von Mitgliedern der »Anthroposophischen Gesellschaft«, die selbst als

Landwirte tätig waren. So kam es, daß sie Steiner im Frühsommer 1924 — wenige Monate vor seinem völligen gesundheitlichen Zusammenbruch — für die Durchführung eines speziellen Landwirtschaftskurses gewannen. Das geschah auf dem Landgut des Grafen Carl von Keyserlingk in Koberwitz bei Breslau. Erschienen waren circa einhundert Teilnehmer, vorwiegend Bauern, Gärtner und Agrarfachleute.

Nach dem Ende des Ersten Weltkriegs standen die großen Munitionswerke zur Verfügung, die zur Gewinnung von Stickstoff (aus der Luft) gebaut worden waren. Man hoffte nun, dieselben Fabriken der Agrikulturchemie zuzuführen und Stickstoffdünger herzustellen. Die damit verbundenen Probleme eines einseitigen Stickstoffeinsatzes lagen auf der Hand. Andererseits hatte das industrielle Denken in die Landwirtschaft Einzug gehalten. In demselben Maß, in dem eine quantitative Ertragssteigerung auf den Böden forciert wurde, begann sich das Verständnis für das biologische Geschehen in seinen naturgegebenen Kreisläufen, auch im Verhältnis von Mensch, Tier, Pflanze und Boden zu verringern.

Es ging daher nicht allein um die Lösung von momentanen Detailfragen, sondern gleichzeitig um die Berücksichtigung großer Zusammenhänge, nämlich darum, wie man als Bauer oder Gärtner vom Geiste her neue Einsichten für den Umgang mit Lebendigem gewinnen könne. Grundsätzliche und aktuelle Probleme rückten in den Mittelpunkt.

Steiner stellte sich dieser ebenso speziellen wie umfassenden Problematik. Ihm kam es nicht zuletzt darauf an, das Spirituelle mit dem Lebenspraktischen zu verbinden. Denn, so Steiner in einem Bericht über die Koberwitzer Tagung: »Die Fehler, die da im anthroposophischen Wirken sehr leicht entstehen können, die entstehen ja eben gerade dadurch, daß auf der einen Seite dasjenige, was spirituell ist, nicht ins wirkliche Leben übergeht, daß es eine Art Theorie oder eine Art [...] Glaube an Worte bleibt, nicht einmal an Gedanken, sondern Glaube an Worte bleibt, daß auf der andern Seite wiederum nicht die Einsicht in richtiger Weise beizubringen ist, daß in das unmittelbar praktische Handhaben das Spirituelle wirklich eingreifen kann.«[158]

Schon anhand des Landwirtschaftskurses zeigte sich, wie Steiner der doppelten Aufgabenstellung zu entsprechen suchte. Er legte dar, wie sich aus geistiger Betrachtungsweise heraus das Geschehen zwischen Kosmos und Erde begreifen läßt, welche Folgerungen sich für Bodenbearbeitung, Düngung, für den Umgang mit Unkraut und Schädlingen ergeben, vor allem wie durch Herstellung von belebenden Präparaten das Leben in den Böden dynamisiert werden kann. Entsprechende Ausführungen bezogen sich auf die Wechselwirkung von Feldwirtschaft, Obstwirtschaft und Viehzucht. Wie die Beantwortung der Fragen deutlich macht, ging Steiner auf eine Fülle von Sorgen und Problemen ein, die die anwesenden Praktiker aus dem Gesamtbereich des landwirtschaftlichen Arbeitens bewegten.

Der frühe Tod Steiners am 30. März 1925 konnte den einmal gegebenen Impuls nicht rückgängig machen. Fest steht, daß der Begründer der Anthroposophie zu einem Zeitpunkt auf Problemlösungen aufmerksam gemacht hatte, als das erst in der zweiten Jahrhunderthälfte erwachte, mit allen Fragen der Umweltschädigung in der Natur beschäftigte Problembewußtsein noch gar nicht vorhanden war. Die Zahl der nach Prinzipien der biologisch-dynamischen Wirtschaftsweise bebauten Flächen ist zwar noch verschwindend gering. In der Bundesrepublik Deutschland wird derzeit noch kaum ein Prozent der Gesamtfläche auf diese Weise bearbeitet. Aber die Zahl der bäuerlichen Betriebe, die sich umstellen und entsprechenden Qualitätskontrollen unterziehen, nimmt zu. Entsprechende Nachrichten kommen auch aus den früheren Ostblockländern, selbst aus Teilen der Dritten Welt (zum Beispiel über den Kaffee-Anbau). Konkurrenzfähige Vertriebsorganisationen sind entstanden bzw. im Aufbau begriffen.

Bei aller Skepsis, die naturgemäß Innovationen dieser Art entgegengebracht wird, ist ein zunehmendes Qualitätsbewußtsein der Verbraucher zu verzeichnen. Noch ist nicht abzusehen, welche Zukunft Steiners Landwirtschaftsimpuls beschieden sein wird. Dabei ist zu bedenken, daß die in privater Initiative bereits aufgebauten Einrichtungen nicht allein wirtschaftlichen Zielsetzungen dienen. »Biologisch-dynamische Betriebe stehen in ihrem nichtlandwirtschaftlichen Umkreis in vielfältiger Beziehung. Ihre weitere Entwicklung kann sich nicht in der Isolierung vollziehen. Sie muß mit dem Blick auf *das Ganze des sozialen Organismus* angestrebt werden [...].«[159] Gemeint ist ein assoziatives Arbeiten, der Kontakt zwischen Produzent und Konsument, nicht zuletzt die Einbindung pädagogischer und heilpädagogischer Aktivitäten in das gemeinsame Leben in neu gebildeten Dorfgemeinschaften. Sie verstehen sich als Alternativen zu mancherlei Fehlentwicklungen auf dem landwirtschaftlichen Sektor.

Bewegung für religiöse Erneuerung

Die im Goetheanum, dem Sitz der »Anthroposophischen Gesellschaft« in Dornach, untergebrachte Freie Hochschule für Geisteswissenschaft verfügt über eine Anzahl von Sektionen, denen die fachliche Arbeit obliegt. Hier gibt es zwar eine naturwissenschaftliche, eine medizinische, eine sozialwissenschaftliche und andere Sektionen, aber eine theologische fehlt. Das verwundert auf den ersten Blick, wenn man bedenkt, daß Steiner bestrebt war, in der Anthroposophie Wissenschaft, Kunst und Religion in ihrer Dreigestalt zu vereinigen. Das von ihm in einem lebenentscheidenden Augenblick erfahrene »Mysterium von Golgatha« als zentrales Ereignis für Menschheit und Erde ließe eine diesem Themenkreis gewidmete Sektion erwarten: »Eine erneuerte christliche Religionserkenntnis muß auch das Wirken Christi für die Menschheit bis in die Erlebnisse nach dem Tode [...] in die kosmologische Wissenschaft einführen [...].«[160] Mit Steiners richtungweisender Mitwirkung bei der Begründung der »Christengemeinschaft« als einer Bewegung für religiöse Erneuerung hat es nun folgende Bewandtnis: Zunächst ist von der Tatsache auszugehen, daß Steiner seit seiner Verbindung mit der »Theosophischen Gesellschaft« einen Großteil seiner Vortragsarbeit der Christusfrage und der Evangeliendeutung gewidmet hat (vgl. das Kapitel über Christologie). So war es nicht verwunderlich, daß auch kirchlich-religiöse Menschen auf diese anthroposophisch orientierte Geisteswissenschaft aufmerksam wurden, in der Hauptsache Protestanten.

Die Diskrepanz zwischen den Ausführungen Steiners und der Schultheologie war naturgemäß beträchtlich. Dennoch blieb es nicht aus, daß sich unter den Fragestellern, die sich an Steiner wandten, um für ihr Arbeitsgebiet Problemlösungen oder gar einen Neuansatz zu erhalten, auch evangelische und einige wenige katholische Theologen befanden. Zwei der evangelischen Pfarrer, die sich der Anthroposophie anschlossen, waren die in Nürnberg bzw. Berlin wirkenden Theologen Christian Geyer (1862-1929) und Friedrich Rittelmeyer (1872-1938). Beide hatten sich als Prediger und als religiöse Publizisten über ihre Landeskirche hinaus einen Namen gemacht. Als Vertreter einer liberalen, den Fragen der Moderne aufgeschlossenen Theologie gerieten sie in Spannungen mit der konservativen Kirchenleitung in München sowie mit der Mehrheit der Pfarrerschaft. Die Parteinahme für die Ideen Steiners tat in dieser Richtung ein übriges. Eine Trennung von der Kirche erwog jedoch keiner von beiden. Geyer und Rittelmeyer nutzten die Möglichkeit, in loyaler Weise ihren Dienst zu versehen und dabei die spirituellen Anregungen Steiners für ihre persönliche Meditation sowie für die Verkündigung zu nutzen. So die Lage bis zu der Zeit des Ersten Weltkriegs.

Die Situation änderte sich, als jüngere Semester, Kriegsteilnehmer unter den Theologiestudenten, um 1920 an Steiner herantraten. An ihn richteten sie die Frage, »ob für die Zukunft der Menschheit eine neue religiöse Bewegung, Priestertum und Kirche möglich ist oder ob nicht vielmehr Pflege und Ausgestaltung echter anthroposophischer Lebenspraxis, wie sie aus der Pflege der Anthroposophie selber hervorgeht, an dessen Stelle treten müsse«.[161] Wie am Beispiel der Waldorfpädagogik, der Medizin, der Landwirtschaft und anderer Initiativen zu sehen ist, ging Steiner in der Regel auf die jeweiligen Anregungen ein. Die erste Antwort, die Steiner in diesem Fall gab, zeigt indes, daß er selbst an die Gründung einer religiösen »Bewegung« oder gar an die Einrichtung einer »neuen Kirche« keineswegs dachte. Er riet den Jungen, erst einmal ihre Studien abzuschließen, und verwies sie auf das Beispiel von Geyer und Rittelmeyer, d.h. innerhalb der Landeskirchen ihren künftigen Dienst zu tun.

Die Dringlichkeit der Frage jener jungen Menschen stand jedoch außer Zweifel. Sie wurde von einer größer werdenden Zahl von Theologen und Nichttheologen, auch Frauen, geteilt, so daß Steiner 1921/22 auch dieser neuen Herausforderung entsprach. Der Verlauf war ein ähnlicher wie bei den genannten vorausgegangenen Anlässen. Er beraumte einige Vortragsfolgen[162] in Stuttgart bzw. in Dornach an und stellte sich für eingehende Beratungen zur Verfügung. Aus einer Anzahl von einhundert und mehr Interessenten bildete sich binnen weniger Monate ein Kreis von 45 Männern und drei Frauen, die als die Begründer der »Christengemeinschaft«[163] anzusehen sind.

Der Anteil Steiners an der Stiftung dieser »Bewegung für religiöse Erneuerung« ist differenziert zu betrachten. Der substantielle Anteil war derart, daß alle wesentlichen Richtlinien für eine erneuerte Priesterschaft mit Kultus und Gemeindebildung von ihm ausgingen. Sämtliche kultischen Wortlaute zu den sieben Sakramenten sowie zu anderen gottesdienstlichen Handlungen stammen von ihm. Dagegen verzichtete er auf jede geistliche Mitwirkung. Er verstand sich lediglich als der Vermittler. Die Leitung übernahm Friedrich Rittelmeyer. So war mit der Priesterweihe, die am 16. und 17. September 1922 im Dornacher Goetheanum vollzogen wurde, eine von der »Anthroposophischen Gesellschaft« unabhängige »neue Kirche« entstanden. Das bisweilen von außen angeheftete Etikett, die »Christengemeinschaft« sei die »Kirche der Anthroposophen«, entspricht somit nicht der Sachlage. Aus gegebenem Anlaß ging Steiner sogar so weit zu sagen, er habe die Gründung der »Christengemeinschaft« lediglich »als Privatmann«[164] ermöglicht. An Mißverständnissen und an offenkundigen internen Spannungen fehlte es nicht. Daher bedurfte es mancher Klarstellung, so etwa in einem Bericht Steiners aus dem Jahr 1924:

»Was als geistige Substanz durch die Priesterschaft der Christengemeinschaft strömt, ist ihr vor zwei Jahren [...] aus der geistigen Welt durch meine Vermittlung gereicht worden. Dieses Darreichen war ein solches, daß die Christengemeinschaft gegenüber der Anthroposophischen Gesellschaft völlig selbständig dasteht. Es konnte bei der Begründung gar nichts anderes als eine solche Selbständigkeit angestrebt werden. Denn diese Bewegung für christliche Erneuerung ist *nicht* aus der Anthroposophie herausgewachsen. Sie hat ihren Ursprung bei Persönlichkeiten genommen, die vom Erleben im Christentum heraus, nicht vom Erleben in der Anthroposophie heraus einen neuen religiösen Weg suchten [...].«[165]

Dennoch ist nicht zu übersehen, daß die Wirkung Steiners im Blick auf eine — im weiteren Sinn des Wortes zu verstehende — Erneuerung des Christentums groß ist. Größer als die einige zehntausend umfassende Mitgliederzahl der »Christengemeinschaft« ist die Zahl derer, die durch Steiner in religiöser Hinsicht angesprochen worden sind. Das gilt einerseits für die Leser seiner christologischen Vortragstexte, andererseits und wohl noch in erhöhtem Maß für die Rezipienten des ebenso anspruchsvollen wie breit gefächerten theologisch-geistesgeschichtlichen Schrifttums der »Christengemeinschaft« sowie ihr nahestehender Autoren. Im Grunde entspricht das dem Wesen des »Christusimpulses«, der letztlich an keine Person, natürlich auch nicht an die Steiners, gebunden ist.

Ein zusätzliches Indiz ist das Interesse kirchlich engagierter wie nicht engagierter Menschen, die nach dem *Kontrapunkt Anthroposophie* in Gestalt von Steiners Christus-Erkenntnis fragen und den Dialog suchen.[166] Bezeichnenderweise haben die evangelischen wie katholischen Akademien seit ihrem Bestehen dem Bedürfnis nach Gespräch und Begegnung Rechnung getragen. Die jeweiligen kirchlichen Beauftragten für Weltanschauungsfragen und apologetischen Einrichtungen sorgen dabei für die kritische Auseinandersetzung und Distanzierung.

5. Die »Anthroposophische Gesellschaft«

Wie die Biographie Steiners zeigt, bedurfte er, um sich und sein Werk, die Anthroposophie, zu verwirklichen, einer Gemeinschaft von dafür aufgeschlossenen Menschen: der »Theosophischen«, dann der »Anthroposophischen Gesellschaft«.

Doch nun zu den Stadien der Entwicklungsgeschichte: Nachdem die Diskrepanz zwischen der Lehre der orientalisierenden »Theosophischen Gesellschaft« Annie Besants und derjenigen der auf christlicher Theosophie basierenden Esoterik Steiners eine weitere Zusammenarbeit unmöglich gemacht hatte, kam es 1912/13 zur Gründung der »Anthroposophischen Gesellschaft«. Ein Großteil der bisherigen Mitgliedschaft machte diese Entwicklung mit. War Steiner bis dahin der Generalsekretär der deutschen Sektion der »Theosophical Society«, so verstand er sich von da an in erster Linie als geistiger Lehrer der neu gegründeten Gesellschaft, ohne deren formelles Mitglied zu sein. Faktisch hielt er aber alle Fäden in der Hand.

Die innere und äußere Entwicklung der »Anthroposophischen Gesellschaft« führte in den folgenden Jahren auf der einen Seite zu einer immer größeren Öffentlichkeit und immer stärkeren Konsolidierung: durch Steiners ausgedehnte Vortragsarbeit in Europa, durch künstlerisch-kulturelle Aktivitäten bis hin zum Bau des Goetheanums in Dornach bei Basel. Ohne das persönliche Engagement und die finanzielle Opferbereitschaft der kontinuierlich wachsenden Mitgliedschaft wäre gerade dieser eigenwillig gestaltete Doppelkuppelbau gar nicht möglich gewesen.

Berlin, München und Stuttgart waren die ersten Kristallisationspunkte der anthroposophischen Arbeit geworden, ehe Dornach zum heutigen Zentrum der »Anthroposophischen Gesellschaft« aufstieg.

Wie aus dem Kapitel über die Kulturimpulse anthroposophischen Schaffens ersichtlich, entsprach Rudolf Steiner den verschiedensten Anfragen zur praktischen Umsetzung seiner Erkenntnis von Mensch und Welt. Diese an sich positiv zu bewertende Entwicklung ließ aber auch innergesellschaftliche Divergenzen sichtbar werden. Stark vereinfacht ausgedrückt kann man sagen: Ein Großteil der alten »Theosophischen« und frühen »Anthroposophischen Gesellschaft« war an Esoterik interessiert, an der Mitteilung eines okkulten Wissens, wie es Steiner zu Gebote stand und wie er es in seinen internen Vorträgen weitergab. Dem entsprach ferner die Pflege eines inneren (esoterischen) Kreises mit symbolischen Handlungen — eine Praxis, die bis zum Ausbruch des Ersten Weltkriegs gehandhabt werden konnte.

Der Krieg und die krisenhafte Nachkriegszeit setzten auch in der »Anthroposophischen Gesellschaft« eine Zäsur: Eine große Zahl jüngerer Menschen, die eine andere Interessenlage mitbrachten, veränderten das gesamte innergesellschaftliche Klima. Diese junge Generation wollte sich nicht nur mit dem Empfang von okkulten Lehren zufriedengeben. Sie wollte handeln, das Wissen anwenden, also ganz im Sinne Steiners Anthroposophie als eine Impulse vermittelnde Erkenntnis zur Geltung bringen: im gesellschaftlichen Bereich der sogenannten Dreigliederung des sozialen Organismus, in der Pädagogik, Heilpädagogik, Medizin und Landwirtschaft, nicht zuletzt im Blick auf eine Erneuerung des religiösen Lebens in der »Christengemeinschaft«.

Alle diese Anregungen, die in inhaltlicher wie in methodischer Hinsicht letztlich von Steiner abhingen, teils von Dornach, teils von Stuttgart aus ins Werk zu setzen waren, führten die Gesellschaft in eine ernste Zerreißprobe hinein. Entstanden war eine vielgestaltige anthroposophische Bewegung, die von Lehrern, Ärzten, Landwirten, Unternehmern usw. getragen war, ohne daß die örtlichen »Zweige« der »Anthroposophischen Gesellschaft« immer in der Lage gewesen wären, harmonisierend und unterstützend zu wirken. »Bewegung« und »Gesellschaft« schienen in Konkurrenz zueinander zu treten. Sie drifteten auseinander.

Dazu kam der zunehmende Druck von außen, eine Kritiker- bzw. Gegnerschaft von wissenschaftlicher, kirchlicher und politisch rechtsgerichteter Seite. Ein Attentatsversuch in München 1922 zeigte[167], daß Steiners Leben von da an gefährdet war. Durch Brandstiftung wurde das kaum fertiggestellte Goetheanum in der Silvesternacht des Jahres 1922 ein Raub der Flammen. Wie aus den Dokumenten über die Vorgänge des Jahres 1923 zu ersehen ist[168], stand Steiner vor der Frage, sich von dieser Gesellschaft zu trennen und etwa nur einem kleinen esoterischen Kreis zu dienen oder aber als ein mit allen Autoritäten ausgestatteter Vorsitzender an die Spitze einer neu zu gründenden »Allgemeinen Anthroposophischen Gesellschaft« zu treten, der sich die einzelnen Landesgesellschaften Deutschlands, Englands, Hollands usw. angliedern könnten.

Zu dieser Neubegründung der »Anthroposophischen Gesellschaft« im Rahmen der sogenannten »Weihnachtstagung« (1923) kam es schließlich. Auf ihren Statuten beruht die heutige »Anthroposophische Gesellschaft«, in der unter Steiners Leitung auch die einzelnen »Bewegungen« und eine »Freie Hochschule für Geisteswissenschaft« integriert sind.[169] Vom Gelingen dieses Integrationsversuchs machte Steiner das weitere Schicksal der Anthroposophie abhängig.

Das geschah in einem Augenblick, in dem ihm selbst nur noch eine sehr begrenzte Lebens- und Schaffenszeit beschieden war. Als er am 30. März 1925 nach langwieriger Krankheit starb, war zu erkennen, wie wenig die »Anthroposophische Gesellschaft« darauf vorbereitet war. Einen Nachfolger gab es nicht. Der »esoterische« Vorstand zerstritt sich. Öffentliche Gerichte hatten sich mit der Nachlaßfrage zu beschäftigen. Langgediente engagierte Mitglieder, selbst von Steiner berufene Vorstandsmitglieder, wurden ausgeschlossen. Und das alles in einer Zeit, in der der Nationalsozialismus bereits auf den Plan getreten war. Die deutschen und österreichischen Mitglieder konnten beispielsweise nach dem Verbot der »Anthroposophischen Gesellschaft« in »Großdeutschland« von der Dornacher Zentrale her kaum eine nennenswerte Stütze erhalten, insbesondere wenn sie nicht die dort übliche anthroposophische Gesellschaftspolitik mitmachten.

Der Nationalsozialismus als solcher konnte den Anthroposophen im ganzen gesehen dennoch wenig anhaben[170], obwohl die Lage nach dem Verbot der Gesellschaft, nach Schließung der Steiner-Schulen und Liquidation aller verwandten Einrichtungen einschließlich der »Christengemeinschaft« ernst war. Aber die Anthroposophie als solche überlebte. In langwierigen Auseinandersetzungen gelang es, in den Jahrzehnten nach dem Zweiten Weltkrieg die gesellschaftsinterne Problematik aufzulösen oder doch zu entschärfen.

Der Steiner-Rezeption diente vor allem die von Marie Steiner und ihren Mitarbeitern begründete Rudolf-Steiner-Gesamtausgabe. Steiner selbst bestand darauf, daß die »Anthroposophische Gesellschaft« weder sektiererische noch geheimbündnerische Züge trage. Daher sollten auch die von ihm nicht autorisierten internen Vorträge der Allgemeinheit zugänglich gemacht werden. In jüngster Zeit wurden selbst solche Vortragszyklen einbezogen, die jahrzehntelang bestimmten Personengruppen vorbehalten waren, etwa die sogenannten Priesterzyklen, durch die die Begründung der »Christengemeinschaft« als »Bewegung für religiöse Erneuerung« (1921/22) vorbereitet wurde.

Generell ist festzustellen: Der Aufstiegstrend der Steinerschen Anthroposophie hält weltweit an, ohne daß es jemals einer besonderen (wesensfremden) Werbekampagne bedurft hätte. Das gilt naturgemäß für die im kulturellen Leben inzwischen etablierte anthroposophische Bewegung in einem viel stärkerem Maße als für die »Anthroposophische Gesellschaft«, deren Initiativwirkung derzeit auch in den ehemaligen Ostblockländern deutlich spürbar ist.

Die kritische Auseinandersetzung mit Steiner und der Anthroposophie wird heute auf verschiedenen Ebenen geführt. Sieht man von positivistischen bzw. von theologisch-fundamentalistischen Ausgangspositionen ab, so hat sich der Dialog gegenüber der Anfangszeit versachlicht. Einen nicht unerheblichen Anteil an diesem Prozeß haben die evangelischen und katholischen Akademien. Wie immer man das Phänomen der »anthroposophisch orientierten Geisteswissenschaft« im einzelnen wie im ganzen beurteilen mag, begreifen kann man sie als den Versuch, Mensch und Welt in ganzheitlicher Weise zu verstehen und dieses Verständnis unter Berücksichtigung der aktuellen Herausforderungen in eine entsprechende Lebenspraxis umzusetzen.

Anhang

Anmerkungen

Die Steiner-Zitate erfolgen in der Regel nach der Gesamtausgabe (GA), die durch die Rudolf-Steiner-Nachlaßverwaltung im Rudolf Steiner Verlag, Dornach/Schweiz, erscheint und mit über 300 Bänden größtenteils vorliegt.

1 In der Regel wird der 27. Februar 1861 als Geburtstag Rudolf Steiners angegeben, obwohl er selbst bezeugt, am 25. Februar geboren zu sein. Hierzu und zu anderen biographischen Details vgl. Gerhard Wehr, Rudolf Steiner. Leben, Erkenntnis, Kulturimpuls, München 1987 (TB-Ausgabe Zürich 1993).
2 Detlef Sixel, Schicksalswege im Wandel der Zeit. Karl Julius Schröer, Basel 1987.
3 Die von Steiner und seinen Schülern verwendete Bezeichnung »Goetheanismus« bezeichnet die von Goethe gepflegte, auf eine Reihe sogenannter »Goetheanisten« (z.B. Carus, Ennemoser, Passavant, Feuchtersleben) sich auswirkende Erkenntnisart. Geistesgeschichtlich betrachtet, bildet der Goetheanismus eine mitteleuropäische, der deutschen Klassik und dem Idealismus verpflichtete, phänomenologisch arbeitende, die Dimension des Spirituellen einbeziehende Geistesrichtung. Vgl. Renate Riemeck, Beispiele goetheanistischen Denkens. Der Mensch als geistiges Wesen, Basel 1974.
4 Es handelte sich um die von Joseph Kürschner (Berlin/Stuttgart) herausgegebene Klassikerausgabe »Deutsche Nationalliteratur«. Hierzu die Faksimile-Ausgabe Band I-V: Goethes Naturwissenschaftliche Schriften, hrsg. von Rudolf Steiner, Dornach 1975. Vgl. auch Gerhard Wehr, Rudolf Steiner, a. a. O., S. 47 ff. u. 53 ff.
5 Vgl. R. Steiner, Grundlinien einer Erkenntnistheorie der Goetheschen Weltanschauung mit besonderer Rücksicht auf Schiller, Dornach 1960 (GA 2). Sofern nicht anders angegeben, erfolgen die Zitate dieses Kapitels aus Steiners Vorrede zur Neuauflage von 1924.
6 Rudolf Steiner, Ernst Haeckel und seine Gegner (1889), in: Methodische Grundlagen der Anthroposophie. Gesammelte Aufsätze 1884-1901, Dornach 1961 (GA 30), S. 152-200.

7 Aus einem Festvortrag, gehalten am 27. August 1893 im Freien Hochstift zu Frankfurt/M., zit. nach: R. Steiner, Veröffentlichungen aus dem literarischen Frühwerk, Heft I, Dornach 1938; Abdruck in: R. Steiner, Goethes Naturwissenschaftliche Schriften, Freiburg 1949, S. 5.
8 R. Steiner, Grundlinien, a. a. O., S. 23.
9 Ders., Goethes Naturwissenschaftliche Schriften, a. a. O., Bd. I, S. XVII. (Vgl. Anm. 4.)
10 Ebenda, Bd. II, S. IV.
11 Ebenda.
12 R. Steiner, Grundlinien, a. a. O., S. 62 ff.
13 Hella Wiesberger, Goethes Naturwissenschaftliche Schriften als Fundament von Rudolf Steiners Gesamtwerk, in: Beiträge zur Rudolf Steiner-Gesamtausgabe, Nr. 46, Sommer 1974.
14 R. Steiner, Goethes Weltanschauung (1897; GA 6), Dornach 1963, S. 14.
15 Ebenda, S. 23.
16 Zum Zusammenhang vgl. Gerhard Wehr, C. G. Jung und Rudolf Steiner (1975), Zürich 1990, S. 96-114, bes. S. 107.
17 R. Steiner, Mein Lebensgang (GA 28), Dornach 1962, S. 100 ff.
18 R. Steiner im Vortrag vom 7. Februar 1918, in: Das Ewige in der Menschenseele (GA 67), Dornach 1962, S. 42 ff.
19 R. Steiner im Brief vom 18. Juli 1891 an Richard Specht, in: Briefe II. 1890-1925 (GA 39), Dornach 1987, S. 104.
20 Der akademische Titel von Steiners philosophischer Dissertation lautet: Die Grundfrage der Erkenntnistheorie mit besonderer Rücksicht auf Fichtes Wissenschaftslehre. Prolegomena zur Verständigung des philosophierenden Bewußtseins mit sich selbst (Rostock 1891). Der spätere Buchtitel: Wahrheit und Wissenschaft. Vorspiel einer Philosophie der Freiheit (1892). Jetzt in GA 4, Dornach 1980.
21 D. Hoffmann, W. Kugler u. U. Trapp in der Einleitung zu: Rudolf Steiners Dissertation, Dornach 1991, S. 12.
22 R. Steiner, Grundlinien, a. a. O., S. 124 ff. Vgl. auch David Hoffmann, Bemerkungen zur radikalen Freiheitsphilosophie in »Grundlinien einer Erkenntnistheorie der Goetheschen Weltanschauung«, in: Beiträge zur Rudolf Steiner Gesamtausgabe, Nr. 91, Ostern 1986, S. 4-11.
23 R. Steiner, Mein Lebensgang, a. a. O., S. 51 ff.
24 In theosophischen Kreisen war es üblich, inspirierende Gestalten bzw. Instanzen als »Meister« zu bezeichnen. Steiner bediente sich in der er-

sten Zeit seiner Beziehungen zur »Theosophischen Gesellschaft« u. a. auch dieser Bezeichnung, später seltener.
25 R. Steiner im Berliner Vortrag vom 4. Februar 1913, in: Beiträge zur Rudolf Steiner Gesamtausgabe, Nr. 83/84, Ostern 1984, S. 18.
26 R. Steiner über Episodisches zum Erscheinen der neuen Auflage von *Die Philosophie der Freiheit*, im Dornacher Vortrag vom 27. Oktober 1918, in: Geschichtliche Symptomatologie (GA 185), Dornach 1962, S. 126.
27 R. Steiner, Die Philosophie der Freiheit (GA 4), Dornach 1978, S. 160.
28 Ebenda, S. 165.
29 Ebenda, S. 166.
30 Ebenda, S. 170.
31 Dennoch liegen eine Reihe von zeitgenössischen Rezensionen zu *Die Philosophie der Freiheit* vor. Besonders zu erwähnen sind die eingehenden zustimmenden wie kritischen Kommentare von Eduard von Hartmann. Ihm hatte Steiner die Buchhandelsausgabe seiner Dissertation, *Wahrheit und Wissenschaft*, gewidmet. Vgl. Beiträge zur Rudolf Steiner Gesamtausgabe, Nr. 85/86, Michaeli 1984 u. Nr. 87, Ostern 1985.
32 R. Steiner im Dornacher Vortrag vom 27. Oktober 1918, in: Geschichtliche Symptomatologie (GA 185), Dornach 1962, S. 142.
33 Ebenda, S. 146.
34 Ebenda, S. 150.
35 Hierzu ausführlicher: Gerhard Wehr, Rudolf Steiner (Biographie; vgl. Anm. 1), a. a. O., S. 82-127.
36 R. Steiner, Gesammelte Aufsätze zur Kultur- und Zeitgeschichte 1887-1901 (GA 31), Dornach 1966, S. 468.
37 Ders., Briefe II. 1892-1902, hrsg. von Edwin Froböse u. Werner Teichert, Dornach 1953, S. 181.
38 Ders., Mein Lebensgang, a. a. O., S. 185.
39 Ders., Friedrich Nietzsche. Ein Kämpfer gegen seine Zeit (1895; GA 5), Dornach 1962, S. 26.
40 Rudolf Steiner zit. bei: Christoph Lindenberg, Rudolf Steiner. Eine Chronik, Stuttgart 1988, S. 124. Vgl. auch Max Stirner, Der Einzige und sein Eigentum und andere Schriften, hrsg. von H. G. Helms, München 1968. Aufschlußreich ist das geistesgeschichtlich informierende Nachwort des Herausgebers. Vgl. auch John Henry Mackay, Max Stirner. Sein Leben und sein Werk, Berlin 1898.

41 R. Steiner, Gesammelte Aufsätze zur Kultur- und Zeitgeschichte, S. 285.
42 Ders., Mein Lebensgang, a. a. O., S. 375.
43 Ebenda, S. 377.
44 Über Steiners Tätigkeit als Lehrer an der Arbeiterbildungsschule in Berlin von 1899 bis 1904 vgl. Beiträge zur Rudolf Steiner Gesamtausgabe, Nr. 111, Michaeli 1993. Vgl. auch R. Steiner, Über Philosophie, Geschichte und Literatur. Darstellungen an der Arbeiterbildungsschule und der Freien Hochschule in Berlin 1901-1905 (GA 51), Dornach 1983. Vgl. auch Johanna Mücke u. A. A. Rudolph, Erinnerungen an Rudolf Steiner und seine Wirksamkeit an der Arbeiterbildungsschule, Basel 1979.
45 Rosa Luxemburg im Brief vom 14. Oktober 1902 an Rudolf Steiner, Faksimile in: Beiträge zur Rudolf Steiner Gesamtausgabe, Nr. 87, Ostern 1987.
46 R. Steiner im Vortrag vom 25. November 1921 in Kristiania/Oslo (GA 79), in: Die Wirklichkeit der höheren Welten, Dornach 1962, S. 40.
47 R. Steiner, Mein Lebensgang, a. a. O., S. 62.
48 Ebenda, S. 72.
49 Ebenda, S. 163.
50 Ebenda, S. 243.
51 Unter Literaten, Künstlern und Arbeitern, vgl. Gerhard Wehr, Rudolf Steiner, a. a. O., S. 139 ff. Vgl. auch Angelika Oldenburg (Hg.), Zeitgenossen Rudolf Steiners im Berlin der Jahrhundertwende, Dornach 1988. Was den von Steiner während seiner voranthroposophischen Zeit vertretenen Monismus betrifft, so erblickte er dessen Wesen »in der Annahme, daß alle Weltvorgänge, von den einfachsten mechanischen an bis herauf zu den höchsten menschlichen Geistesschöpfungen, in gleichem Sinne sich naturgemäß entwickeln und daß alles, was zur Erklärung der Erscheinungen herangezogen wird, *innerhalb* der Welt selbst zu suchen ist. Dieser Anschauung steht der *Dualismus* gegenüber, der die reine Naturgesetzlichkeit nicht für ausreichend hält, um die Erscheinungen zu erklären, sondern zu einer über den Erscheinungen waltenden, vernünftigen Wesenheit seine Zuflucht nimmt. Diesen Dualismus muß die Naturwissenschaft, wie gezeigt worden ist, verwerfen.« (R. Steiner, Haeckel und seine Gegner (1900), in: Methodische Grundlagen der Anthroposophie 1884-1901 (GA 30), Dornach 1961, S. 174.)

52 R. Steiner, Mein Lebensgang, a.a.O., S. 372.
53 Ebenda, S. 373.
54 Ebenda, S. 363.
55 Ebenda, S. 365.
56 Ebenda, S. 366.
57 Rudolf Steiner im Brief vom 22. September 1903 an Johanna Mücke; Faksimile in: Mein Lebensgang, a.a.O., nach S. 392.
58 Über Steiners Krise und Wandlung im biographischen Zusammenhang vgl. Gerhard Wehr, Rudolf Steiner, a.a.O., S. 128-138.
59 R. Steiner, Mein Lebensgang, a.a.O., S. 391.
60 Ders., Methodische Grundlagen der Anthroposophie 1884-1901 (GA 30), Dornach 1961, S. 90.
61 Ders., Goethes Geistesart in ihrer Offenbarung durch seinen Faust und durch das Märchen »Von der Schlange und der Lilie« (GA 22), Dornach 1956.
62 Ebenda, S. 12.
63 Ebenda, S. 18.
64 Ebenda, S. 21.
65 Jakob Böhme, Aurora oder Morgenröte im Aufgang, hrsg. und kommentiert von Gerhard Wehr, Frankfurt/M. 1992. Ders., Christosophia, Frankfurt/M. 1992. Vgl. auch Gerhard Wehr, Jakob Böhme. Inspiration und Wirkungsgeschichte im deutschen Geistesleben (Arbeitstitel, in Vorb.).
66 Über Zusammenhänge und Einzelaspekte abendländischer Esoterik vgl. Gerhard Wehr, Esoterisches Christentum, Stuttgart 1995.
67 R. Steiner, Mein Lebensgang, a.a.O., S. 394.
68 Die konstituierende Generalversammlung der »Anthroposophischen Gesellschaft« tagte am 3. Februar 1913.
69 F. K. Steinberger, Esoteriker des Westens, Lorch 1953. Charles J. Ryan, H. P. Blavatsky and the Theosophical Movement, Pasadena/Ca. 1975. Hans Jürgen Ruppert, Theosophie unterwegs zum okkulten Übermenschen, Konstanz 1993. Gerhard Wehr, Homo Magus. Spirituelle Meister des Westens (Arbeitstitel), München 1995.
70 Im ersten Jahrzehnt seines Wirkens als Generalsekretär war es für Steiner wichtig, in Übereinstimmung mit den spirituellen, d.h. in der geistigen Welt tätigen »Meistern« zu stehen und sein eigenes Schaffen nach ihnen zu richten. Davon ist auch in Briefen an seine spätere Ehefrau Marie von Sivers die Rede, zum Beispiel im Brief vom 9. Januar 1905, in dem er »die Hilfe der erhabenen Meister« apostrophiert und

ihr, seiner Mitarbeiterin, versichert: »Ich kann Dir nur sagen, wenn der Meister mich nicht zu überzeugen gewußt hätte, daß trotz alledem die Theosophie unserem Zeitalter notwendig ist: ich hätte auch *nach* 1901 nur philosophische Bücher geschrieben und literarisch und philosophisch gesprochen« (in: GA 262, Dornach 1967, S. 48). In den sogenannten Dokumenten von Barr, die Steiner 1907 für Eduard Schuré in Barr/Elsaß niederschrieb, kommt er auf seine (indirekte) Begegnung mit dem M(eister) zu sprechen (ebenda, S. 8). Ausdruck dafür, daß Inspirationen jener Meister nicht etwa kritiklos und von eigener Verantwortung entbindend entgegengenommen werden dürfen, ist der Hamburger Vortrag vom 17. Juni 1912, in dem Steiner dem blinden Glauben an die Meister eine entschiedene Absage erteilt: »Gebrauchen wir erst unsre *eigenen* Kräfte, dann wird sich schon die Möglichkeit ergeben, durch die Wahrheit die ›Meister der Weisheit und des Zusammenklangs der Empfindungen‹ zu erkennen. Von keinem wird von vornehereiun der Glaube an sie verlangt, denn dann würde der Glaube an die Meister höher stehen als die Wahrheit. Wenn jemals etwas wie der unbedingte Glaube an einen Meister verlangt werden würde, wären schon die Grundsätze der Theosophischen Gesellschaft [wie Steiner sie verstehen möchte] durchbrochen.« (In: Esoterisches Christentum, GA 130, Dornach 1962, S. 312 ff.).

71 R. Steiner im Vortrag vom 1. Februar 1904, in: Spirituelle Seelenlehre (GA 52), Dornach 1972.

72 R. Steiner im Vortrag vom 1. April 1904, in: Spirituelle Seelenlehre, a.a.O., S. 238 ff.

73 Nikolaj Berdjajew, Der Sinn des Schaffens. Versuch einer Rechtfertigung des Menschen (Moskau 1916), Tübingen 1927, S. 330 ff. Über christliche Theosophie und über seine Begegnung mit R. Steiner vgl. ders., Selbsterkenntnis. Versuch einer philosophischen Autobiographie, Darmstadt 1953, S. 208 ff. Vgl. auch Victor B. Fedjuschin, Rußlands Sehnsucht nach Spiritualität. Theosophie, Anthroposophie und die Russen, Schaffhausen 1988, S. 157 ff. Vgl. auch E. Müller u. F. J. Klehr (Hg.), Russische religiöse Philosophie (Hohenheimer Protokolle, Bd. 41), Stuttgart 1992, bes. S. 171 ff.: Die Anthroposophische Gesellschaft in Rußland.

74 Berdjajew lernte Steiner anläßlich von dessen Vorträgen über »Die okkulten Grundlagen der Bhagavadgita« (GA 146) im Juni 1913 in Helsingfors/Helsinki persönlich kennen. Vgl. Fedjuschin, Rußlands Sehnsucht nach Spiritualität, a.a.O., S. 163 ff.

75 R. Steiner, Die Mystik im Aufgange des neuzeitlichen Geisteslebens und ihr Verhältnis zur modernen Weltanschauung (GA 7), Dornach 1977, S. 8.
76 Ebenda, S. 14.
77 Ebenda, S. 145.
78 H. S. Olcott, Old Diary Leaves, Bd. I, S. 113 ff., zit. bei: H. J. Ruppert, Theosophie, Konstanz 1993, S. 94: »Die Wahl eines Namens für die Gesellschaft war natürlich ein Anlaß für ernste Diskussionen im Komitee. Verschiedene Namen wurden vorgeschlagen, darunter, wenn ich mich recht erinnere, ägyptologische, hermetische oder rosenkreuzerische Gesellschaft, aber nichts schien genau zu passen. Schließlich kam beim Durchblättern (!) des Wörterbuches einer von uns auf das Wort ›Theosophie‹ [...].«
79 Adolf Köberle, Theosophie, in: Religion in Geschichte und Gegenwart, Bd. VI, Sp. 845.
80 Friedrich Christoph Oetinger, Aufmunternde Gründe zur Lesung Jakob Böhmes (1731), zit. bei: Otto Herpel (Hg.), F. C. Oetinger − Die heilige Philosophie, München 1923, S. 30 ff.
81 Gerhard Wehr, Esoterisches Christentum. Aspekte, Impulse, Konsequenzen, Stuttgart 1975. Die aktualisierte und wesentlich erweiterte Neuausgabe (Stuttgart 1995) bezieht auch vor- und außerchristliche Aspekte ein.
82 Ders., Die deutsche Mystik. Mystische Erfahrung und theosophische Weltsicht, München 1988.
83 R. Steiner, Vom Menschenrätsel (GA 20), Dornach 1984.
84 Ders., Theosophie in Deutschland vor hundert Jahren, in: Philosophie und Anthroposophie. Gesammelte Aufsätze 1914-1918 (GA 35), Dornach 1945, S. 45.
85 Ebenda, S. 48 ff.
86 Ebenda, S. 58 ff.
87 R. Steiner, Aus der Akasha-Chronik (GA 11), Basel 1955; Die Geheimwissenschaft im Umriß (GA 13).
88 R. Steiner im Vortrag vom 22. September 1911, in: Esoterisches Christentum (GA 130), Dornach 1962, S. 55.
89 R. Steiner im Vortrag vom 28. September 1911, a. a. O., S. 79.
90 R. Steiner, Aus der Akasha-Chronik, a. a. O., S. 141.
91 Georg Kühlewind, Bewußtseinsstufen, Stuttgart 1976, S. 36.
92 Unter »Geistesmensch« versteht Steiner die noch nicht realisierte zukünftige Gestalt des Menschen, die auf einem langen Stufenweg ent-

wickelt werden soll. Dieses Zukunftsbild liegt völlig außerhalb des menschlich Machbaren.
93 R. Steiner, Theosophie. Einführung in übersinnliche Welterkenntnis und Menschenbestimmung (GA 6). Das Zitat erfolgt nach der Ausgabe Stuttgart 1948, S. 61 ff.
94 Ebenda, S. 67.
95 Ebenda, S. 68.
96 Ebenda, S. 93.
97 Emil Bock, Wiederholte Erdenleben. Die Wiederverkörperungsidee in der deutschen Geistesgeschichte, Stuttgart 1952. Vgl. auch Gerhard Adler, Wiedergeboren nach dem Tode. Die Idee der Reinkarnation, Frankfurt/M. 1977.
98 Zur Einführung mit ausgewählten Texten: Rudolf Steiner, Themen aus dem Gesamtwerk 9 — Wiederverkörperung, ausgewählt u. hrsg. von Clara Kreutzer, Stuttgart 1982.
99 R. Steiner im Vortrag vom 5. März 1912, in: Wiederverkörperung und Karma und ihre Bedeutung für die Kultur der Gegenwart (GA 135), Dornach 1970, S. 93 ff.
100 R. Steiner im Brief vom 16. August 1902 an Wilhelm Hübbe-Schleiden, in: Briefe II. 1892-1902 (alte Ausgabe), Dornach 1952, S. 270.
101 R. Steiner, Mein Lebensgang, a. a. O., S. 448.
102 Ders., Die Schwelle der geistigen Welt. Aphoristische Ausführungen (GA 117), Dornach 1956, S. 12 ff.
103 Ders., Theosophie, a. a. O., S. 183 ff.
104 Ebenda, S. 196 ff.
105 R. Steiner, Wie erlangt man Erkenntnisse der höheren Welten? (GA 10), Dornach 1961, S. 28. Eine Schilderung des anthroposophischen Erkenntniswegs in Grundzügen, einschließlich Übungsanleitung und Leitworten, bei: Gerhard Wehr, Der innere Weg. Anthroposophische Erkenntnis, geistige Orientierung und meditative Praxis, Reinbek 1983; Stuttgart 1994. Ausgewählte Vorträge Steiners in: Wege der Übung, hrsg. von Stefan Leber (R. Steiner, Themen aus dem Gesamtwerk, Bd. I), Stuttgart 1980.
106 R. Steiner, Philosophie und Anthroposophie. Gesammelte Aufsätze 1904-1918 (GA 35), Dornach 1965, S. 66.
107 Gerhard Wehr, Der innere Weg, a.a.O., S. 67-99. Vgl. auch Georg Kühlewind, Die Wahrheit tun. Erfahrungen und Konsequenzen des intuitiven Denkens, Stuttgart 1978. Ders., Das Licht des Wortes. Welt, Sprache, Meditation, Stuttgart 1984. Jörgen Smit, Georg Küh-

lewind u. a., Freiheit erüben. Meditation in der Erkenntnispraxis der Anthroposophie, Stuttgart 1988. Erhard Fucke, Das anthroposophische Studium. Seine Bedeutung für den Schulungsweg (Anregungen zur anthroposophischen Arbeit 10), Stuttgart 1981. Christof Lindenau, Der übende Mensch. Anthroposophie-Studium als Ausgangspunkt moderner Geistesschulung, Stuttgart 1976.
108 Georg Kühlewind, Bewußtseinsstufen, a. a. O., S. 36.
109 Albert Schweitzer, Geschichte der Leben-Jesu-Forschung (1. Aufl. 1906 unter dem Titel: Von Reimarus zu Wrede), München/Hamburg 1966.
110 Annie Besant, Esoterisches Christentum oder die kleineren Mysterien, aus dem Engl. übertragen von Mathilde Scholl, Leipzig 1903.
111 R. Steiner, Das Christentum als mystische Tatsache und die Mysterien des Altertums (GA 8), Dornach 1959, S. 15 ff.
112 Ebenda, S. 146 u. 152.
113 Ebenda, S. 165.
114 Christoph Lindenberg, Individualismus und offenbare Religion. Rudolf Steiners Zugang zum Christentum, Stuttgart 1970, S. 52 ff.
115 R. Steiner im Vortrag vom 25. Februar 1912, in: Menschengeschichte im Lichte der Geistesforschung (GA 61), Dornach 1962, S. 313.
116 Paul Tillich, Systematische Theologie, Bd. I, Stuttgart 1955, S. 135.
117 R. Steiner im Vortrag vom 12. Juli 1914, in: Christus und die menschliche Seele (GA 155), Dornach 1960, S. 147.
118 Rudolf Schnackenburg, Das Johannesevangelium (Herder theologischer Handkommentar zum Neuen Testament IV, 1), Freiburg 1967, S. 344 ff.
119 R. Steiner, Die geistige Führung des Menschen und der Menschheit (GA 15), Dornach 1960, S. 74 ff.
120 Gerhard Wehr, Heilige Hochzeit, München 1986.
121 Vgl. Chymische Hochzeit Christiani Rosenkreuz, in: Die Bruderschaft der Rosenkreuzer. Esoterische Texte, hrsg. von Gerhard Wehr, 3. Aufl., München 1990.
122 R. Steiner, Die Theosophie des Rosenkreuzers (GA 99), Dornach 1979. Ders., Die chymische Hochzeit des Christian Rosenkreutz, in: Philosophie und Anthroposophie, a.a.O. Paul Regenstreif, Christian Rosenkreutz und seine Mission, auf der Grundlage von Hinweisen Rudolf Steiners zusammengestellt und bearbeitet, Freiburg 1977.
123 R. Steiner im Vortrag vom 8. Oktober 1911, in: Von Jesus zu Christus (GA 131), Dornach 1953, S. 102 ff.

124 R. Steiner im Vortrag vom 27. Februar 1917, in: Bausteine zu einer Erkenntnis des Mysteriums von Golgatha (GA 175), Dornach 1961, S. 80.
125 Ebenda, S. 121.
126 R. Steiner im Vortrag vom 16. Mai 1920, in: Entsprechungen zwischen Mikrokosmos und Makrokosmos (GA 201), Dornach 1958, S. 238.
127 R. Steiner, Das Christentum als mystische Tatsache und die Mysterien des Altertums, a.a.O., S. 16 ff.
128 Ebenda, S. 123 ff.
129 Ebenda, S. 129.
130 Christof Rau, Struktur und Rhythmus im Johannesevangelium, Stuttgart 1972.
131 R. Steiner im Vortrag vom 25. Oktober 1918, in: Geschichtliche Symptomatologie (GA 185), Dornach 1962, S. 88 u. 95.
132 R. Steiner, Goethe als Vater einer neuen Ästhetik, in: Methodische Grundlagen der Anthroposophie. Gesammelte Aufsätze 1884-1901 (GA 30), Dornach 1961, S. 23 ff.
133 Walter Kugler, Rudolf Steiner und die Anthroposophie, Köln 1978, S. 73 ff. Vgl. auch Manfred Krüger, Ästhetik der Freiheit. Gedankenschau und Kunst-Gedanken, Dornach 1992.
134 Christian Morgenstern im Brief vom 24. Februar 1914 an Friedrich Kayßler, zit. in: H. Wiesberger u. W. Kugler (Hg.), Im Mittelpunkt der Mensch. Eine Einführung in die ausgewählten Werke Rudolf Steiners, Frankfurt/M. 1985, S. 139.
135 Die erste theaterwissenschaftliche Darstellung: Thomas Parr, Eurythmie. Rudolf Steiners Bühnenkunst, Dornach 1993.
136 Ebenda, S. 36.
137 R. Steiner, zit. ebenda.
138 R. Steiner, Von Seelenrätseln (GA 21), Dornach 1960, S. 150.
139 Renate Riemeck, Mitteleuropa. Bilanz eines Jahrhunderts, Freiburg 1965, S. 114 ff u. 140 ff.
140 R. Steiner, Aufsätze über die Dreigliederung des sozialen Organismus und zur Zeitlage 1915-1921 (GA 24), Dornach 1961, S. 180 ff.
141 R. Steiner in einem Flugblatt vom Winter 1918/19, a. a. O., S. 428 ff. Über die Zusammenhänge ferner: Hans Kuhn, Dreigliederungszeit. Rudolf Steiners Kampf für die Gesellschaftsordnung der Zukunft, Dornach 1978. Das Soziale Hauptgesetz. Beiträge zum Verhältnis von Arbeit und Einkommen (Sozialwissenschaftliches Forum, Bd. I,

hrsg. von Stefan Leber), Stuttgart 1986. Albert Schmelzer, Die Dreigliederungsbewegung 1919. R. Steiners Einsatz für den Selbstverwaltungsimpuls, Stuttgart 1991.
142 R. Steiner, Die Erziehung des Kindes vom Gesichtspunkte der Geisteswissenschaft, in: Lucifer-Gnosis. Grundlegende Aufsätze zur Anthroposophie 1903-1908 (GA 34), Dornach 1987, S. 308 f.
143 Ebenda, S. 322 ff.
144 Ebenda, S. 330.
145 Gerhard Wehr, Rudolf Steiner, a.a.O., S. 279 ff.
146 R. Steiner, Allgemeine Menschenkunde (GA 293), Dornach 1960. Ders., Erziehungskunst. Methodisches-Didaktisches (GA 294), Dornach 1966. Ders., Erziehungskunst. Seminarbesprechungen und Lehrplanvorträge (GA 295), Dornach 1969.
147 R. Steiner im Stuttgarter Vortrag vom 21. August 1919, in: Allgemeine Menschenkunde, a. a. O., S. 17.
148 Ebenda, S. 10.
149 Beispiele sind vorgeführt bei: Frans Carlgren, Erziehung zur Freiheit. Die Pädagogik Rudolf Steiners. Bilder und Berichte aus der Internationalen Waldorfschulbewegung, Stuttgart 1972.
150 R. Steiner zit. bei: Peter Schneider, Einführung in die Waldorfpädagogik, Stuttgart 1982, S. 153.
151 R. Steiner, Heilpädagogischer Kurs. 12 Vorträge, gehalten in Dornach vom 15. Juni bis 7. Juli 1924 (GA 317), Dornach 1975.
152 J. E. Zeylmans von Emichoven, Wer war Ita Wegman. Eine Dokumentation, Bd. I/III, Heidelberg 1990 ff.
153 Grete Kirchner-Bockholt, Die Erweiterung der Heilkunst, in: Wir erlebten Rudolf Steiner. Erinnerungen seiner Schüler, hrsg. von M. J. Krück von Poturzyn, Stuttgart 1967, S. 104 ff.
154 Heinz Herbert Schöffler, Das Wirken Rudolf Steiners 1917-1925, Dornach 1987, S. 74 ff.
155 Rudolf Steiner u. Ita Wegman, Grundlegendes für eine Erweiterung der Heilkunst nach geisteswissenschaftlichen Erkenntnissen (GA 27), Dornach 1972.
156 Ebenda, S. 7.
157 Ebenda, S. 97.
158 Rudolf Steiner, Geisteswissenschaftliche Grundlagen zum Gedeihen der Landwirtschaft (Landwirtschaftlicher Kursus; GA 327), Dornach 1975, S. 20.
159 Herbert H. Koepf, Landbau, natur- und menschengemäß. Metho-

den und Praxis der biologisch-dynamischen Landwirtschaft, Stuttgart 1980, S. 228.
160 R. Steiner, Kosmologie, Religion und Philosophie (GA 25), Dornach 1956, S. 78.
161 Gottfried Husemann, Die Begründung der Christengemeinschaft, in: Erinnerungen an Rudolf Steiner, hrsg. von Erika Beltle u. Kurt Vierl, Stuttgart 1979, S. 303.
162 R. Steiner, Vorträge und Kurse über christlich-religiöses Wirken, Bd. I (GA 342), Dornach 1993. (Weitere Bände in Vorbereitung.)
163 Rudolf Gädeke, Die Gründer der Christengemeinschaft, Dornach 1992. Hans-Werner Schroeder, Die Christengemeinschaft. Entstehung, Entwicklung, Zielsetzung, Stuttgart 1990.
164 R. Steiner im Vortrag vom 30. Dezember 1922, in: Das Verhältnis der Sternenwelt zum Menschen und des Menschen zur Sternenwelt. Die geistige Kommunion der Menschheit (GA 219), Dornach 1955, S. 168.
165 Ebenda, S. 197 ff.
166 Gerhard Wehr, Kontrapunkt Anthroposophie. Spiritueller Impuls und kulturelle Alternative, München 1993.
167 Ders., Rudolf Steiner, a.a.O., S. 326 ff.
168 Rudolf Steiner, Das Schicksalsjahr 1923 in der Geschichte der Anthroposophischen Gesellschaft. Vom Goetheanum-Brand zur Weihnachtstagung (GA 259), Dornach 1991. Vgl. auch Bodo von Plato, Zur Entwicklung der Anthroposophischen Gesellschaft. Ein historischer Überblick, Stuttgart 1986, S. 50 ff.
169 Rudolf Steiner, Die Weihnachtstagung zur Begründung der Allgemeinen Anthroposophischen Gesellschaft 1923-1924 (GA 260), Dornach 1963. Ders., Die Konstitution der Allgemeinen Anthroposophischen Gesellschaft und der Freien Hochschule für Geisteswissenschaft. Der Wiederaufbau des Goetheanums 1924-1925 (GA 260a), Dornach 1966.
170 Bodo von Plato, Zur Entwicklung der Anthroposophischen Gesellschaft, a.a.O., S. 75 ff. u. 89 ff.
171 Übersichtsbände zur Rudolf Steiner Gesamtausgabe, Bd. I: Bibliographische Übersicht. Das literarische und künstlerische Werk von Rudolf Steiner, Dornach 1984. Rudolf Steiner Gesamtausgabe, hrsg. von der Rudolf-Steiner-Nachlaßverwaltung, Dornach 1988. (Die nachfolgenden bibliographischen Angaben erfolgen auf der Grundlage dieser Dokumentation.) Über den aktuellen Stand der verfügba-

ren Bände einschließlich der Taschenbuchausgaben informiert der Rudolf Steiner Verlag, Dornach/Schweiz. In zwangloser Folge erscheinen die »Beiträge zur Rudolf Steiner Gesamtausgabe« mit Veröffentlichungen aus dem Archiv der Rudolf-Steiner-Nachlaßverwaltung, Dornach. Bis Ostern 1993 lagen 110 Nummern vor.

Literaturhinweise

1. Werke von Rudolf Steiner

Abgesehen von den Erstausgaben seiner Bücher und Vortragsmitschriften sowie den Einzelausgaben von Schriften und Vorträgen sind in der Rudolf Steiner Gesamtausgabe (GA) die geschriebenen, gesprochenen sowie die künstlerischen Werke (zum Beispiel architektonische, graphische und plastische Entwürfe, Skizzen und Tafelzeichnungen zu zahlreichen Vorträgen) zusammengefaßt. Diese Ausgabe ist bzw. wird gemäß einem 1961 erstellten Editionsplan[171] publiziert. Der Rudolf Steiner Verlag in Dornach betreut das auf circa 350 Bände berechnete Werk. Die Bände sind in den einzelnen Abteilungen chronologisch geordnet und in der Reihenfolge der GA-Bibliographie-Nummern angeführt.

A *Schriften*

I. Werke

1 Einleitungen zu Goethes Naturwissenschaftlichen Schriften, zugleich eine Grundlegung der Geisteswissenschaft (Anthroposophie) (1884-1897).

1 a-e Goethes Naturwissenschaftliche Schriften, hrsg. und kommentiert von Rudolf Steiner (5 Bände, Nachdruck aus Kürschners »Deutsche Nationalliteratur«, 1884-1897).

2 Grundlinien einer Erkenntnistheorie der Goetheschen Weltanschauung, mit besonderer Rücksicht auf Schiller (1886).

3 Wahrheit und Wissenschaft. Vorspiel einer »Philosophie der Freiheit« (1892).

4 Die Philosophie der Freiheit. Grundzüge einer modernen Weltanschauung. Seelische Beobachtungsresultate nach naturwissenschaftlicher Methode (1894).

5 Friedrich Nietzsche, ein Kämpfer gegen seine Zeit (1901).

6 Goethes Weltanschauung (1897).

7 Die Mystik im Aufgange des neuzeitlichen Geisteslebens und ihr Verhältnis zur modernen Weltanschauung (1901).

8 Das Christentum als mystische Tatsache und die Mysterien des Altertums (1902).
9 Theosophie. Einführung in übersinnliche Welterkenntnis und Menschenbestimmung (1904).
10 Wie erlangt man Erkenntnisse der höheren Welten? (1904//05).
11 Aus der Akasha-Chronik (1904-1908).
12 Die Stufen der höheren Erkenntnis (1905-1908).
13 Die Geheimwissenschaft im Umriß (1910).
14 Vier Mysteriendramen: Die Pforte der Einweihung (1910) — Die Prüfung der Seele (1911) — Der Hüter der Schwelle (1912) — Der Seele Erwachen (1913).
15 Die geistige Führung des Menschen und der Menschheit. Geisteswissenschaftliche Ergebnisse über die Menschheits-Entwickelung (1911).
16 Ein Weg zur Selbsterkenntnis des Menschen (1912).
17 Die Schwelle der geistigen Welt. Aphoristische Ausführungen (1913).
18 Die Rätsel der Philosophie in ihrer Geschichte als Umriß dargestellt (1914).
19 (Gedanken während der Zeit des Krieges) (1915), enthalten in Bibl.-Nr. 24.
20 Vom Menschenrätsel. Ausgesprochenes und Unausgesprochenes im Denken, Schauen und Sinnen einer Reihe deutscher und österreichischer Persönlichkeiten (1916).
21 Von Seelenrätseln (1917).
22 Goethes Geistesart in ihrer Offenbarung durch seinen »Faust« und durch das Märchen »Von der Schlange und der Lilie« (1918).
23 Die Kernpunkte der sozialen Frage in den Lebensnotwendigkeiten der Gegenwart und Zukunft (1919).
24 Aufsätze über die Dreigliederung des sozialen Organismus und zur Zeitlage 1915 bis 1921.
25 Kosmologie, Religion und Philosophie (1922).
26 Anthroposophische Leitsätze. Der Erkenntnisweg der Anthroposophie — Das Michael-Mysterium (1924/25).
27 Grundlegendes für eine Erweiterung der Heilkunst nach geisteswissenschaftlichen Grundlagen (1925). Von Dr. Rudolf Steiner und Dr. Ita Wegman.
28 Mein Lebensgang (1923-1925).

II. Gesammelte Aufsätze

29 Gesammelte Aufsätze zur Dramaturgie 1889-1900.
30 Methodische Grundlagen der Anthroposophie. Gesammelte Aufsätze zur Philosophie, Naturwissenschaft, Ästhetik und Seelenkunde 1884-1901.
31 Gesammelte Aufsätze zur Kultur- und Zeitgeschichte (1887-1901).
32 Gesammelte Aufsätze zur Literatur 1884-1902.
33 Biographien und biographische Skizzen 1894-1905. Schopenhauer — Jean Paul — Uhland — Wieland. Literatur und geistiges Leben im neunzehnten Jahrhundert.
34 Lucifer-Gnosis. Grundlegende Aufsätze zur Anthroposophie und Berichte aus den Zeitschriften »Lucifer« und »Lucifer-Gnosis« 1903-1908.
35 Philosophie und Anthroposophie. Gesammelte Aufsätze 1904-1923.
36 Der Goetheanum-Gedanke inmitten der Kulturkrisis der Gegenwart. Gesammelte Aufsätze aus der Wochenschrift »Das Goetheanum« (1921-1925).

III. Veröffentlichungen aus dem Nachlaß

38 Briefe, Bd. I: Briefe aus den Jahren 1881-1890.
39 Briefe, Bd. II: Briefe aus den Jahren 1890-1925.
40 Wahrspruchworte (1906-1925). Anthroposophischer Seelenkalender; Wahrsprüche und Widmungen; Credo. Der Einzelne und das All.
41 (Übertragungen aus dem Alten und Neuen Testament. Mantrische Sprüche.)
42 (Enthalten in Bibl.-Nr. 245.)
43 (Bühnenbearbeitungen.)
44 Entwürfe, Fragmente und Paralipomena zu den vier Mysteriendramen (1910-1913).
45 Anthroposophie. Ein Fragment aus dem Jahre 1910.

B Vorträge

I. Öffentliche Vorträge
51 ff.

II. Vorträge vor Mitgliedern der »Anthroposophischen Gesellschaft«
93 ff.

III. Vorträge und Kurse zu einzelnen Lebensgebieten
Vorträge über Kunst 271 ff. (Allgemein); 277 ff. (Eurythmie); 280 ff. (Sprachgestaltung und Dramatische Kunst); 283 (Musik); 284 ff. Bildende Künste und Kunstgeschichte.
Vorträge über Erziehung 293 ff.
Vorträge über Naturwissenschaft 320 ff.
Vorträge über das soziale Leben und die Dreigliederung des sozialen Organismus 328 ff.
Vorträge für die Priester der Christengemeinschaft 342 ff.
Vorträge für die Arbeiter am Goetheanum-Bau 347 ff.

C Veröffentlichungen aus dem künstlerischen Nachlaß

2. Weiterführende Literatur
Da die Vorträge — abgesehen von öffentlichen Vorträgen — sich in der Regel an Mitglieder der »Anthroposophischen Gesellschaft« richten, setzen diese bereits eine eingehende Kenntnis des Steinerschen Werks voraus, das in den Schriften niedergelegt ist. Sie erstrecken sich inhaltlich von seinen frühen Goethestudien und den philosophisch-erkenntnistheoretischen Arbeiten bis zu den im engeren Sinn des Wortes anthroposophischen Büchern.

Für die Erstbegegnung empfiehlt sich — je nach Interessenlage des Lesers — zunächst das Studium der erkenntnistheoretischen Schriften, angefangen etwa mit der Dissertation *Wahrheit und Wissenschaft* (GA 3) und *Die Philosophie der Freiheit* (GA 4). Daran kann sich die Lektüre des Buches *Theosophie* (GA 9) anschließen. Gemäß seinem Untertitel stellt es eine Einführung in übersinnliche Welterkenntnis und Menschenbestimmung dar. Es wird ergänzt durch den umfangreicheren Band *Die Geheimwissenschaft im Umriß* (GA 13), in dem sowohl Steiners Erkenntnisweg als auch eine Schilderung seines Welt- und Menschenbildes enthalten sind. Das eigentliche Schulungsbuch, das mit den meditativen Übungen bekannt macht, ist der Band *Wie erlangt man Erkenntnisse der höheren Welten* (GA 10). Erst dann empfiehlt es sich, weitere Titel in das Studium einzubeziehen. Der Band *Anthroposophische Leitsätze* (GA 26) faßt in thesenartiger Form das »lebendige Wesen der Anthroposophie und seine Pflege« zusammen. Enthalten sind »Briefe an die Mitglieder«, in denen Steiner in Rückblicken und in grundsätzlichen Erwägungen Richtungweisendes für die anthroposophische Arbeit ausführt. Steiners autobiographische Aufzeichnungen *Mein Lebensgang* (GA 28) berichten eingehend von der ersten Lebenshälfte, von der Art und Weise, wie er seinen Weg fand. Weil der Bericht aber schon im ersten Jahrzehnt dieses Jahrhunderts abbricht, aber auch um größerer Objektivität willen, die von einer Autobiographie nie zu erwarten ist, sind biographische Studien zur Ergänzung heranzuziehen, ferner Steiners Briefe (GA 38, 39, 262).

Bedenkt man, daß allein das Vortragswerk rund 300 Bände umfaßt, wobei die Einzeltitel die unsystematische Vielfalt der behandelten Themen der einzelnen Bände nicht darzustellen vermögen, wäre der unvorbereitete Leser bei der Beschäftigung mit diesen Vorträgen überfordert. Dem Bedürfnis nach leichterer Orientierung kommt die Taschenbuchreihe »Themen aus dem Gesamtwerk« des Verlags Freies Geistesleben, Stuttgart, entgegen. Es handelt sich um thematisch gegliederte Auswahlbände, die mit den erforderlichen Einleitungen, Kommentaren und Anmerkungen des jeweiligen Herausgebers versehen sind. Auf diese Weise kann man Einzelaspekte der Anthroposophie kennenlernen. Folgende Titel liegen bis jetzt (1992) vor:

1. Wege der Übung
2. Sprechen und Sprache
3. Zur Sinneslehre
4. Zum Lebenslauf des Menschen
5. Erde und Naturreiche
6. Naturgrundlagen der Ernährung
7. Ernährung und Bewußtsein
8. Geschichtserkenntnis
9. Wiederverkörperung — Zur Idee von Reinkarnation und Karma
10. Gesundheit und Krankheit
11. Spirituelle Psychologie
12. Elemente der Erziehungskunst — Menschenkundliche Grundlagen der Waldorfpädagogik

13. Soziale Frage und Anthroposophie — Zur Neugestaltung des gesellschaftlichen Organismus
14. Christologie — Anthroposophie als Weg zum Christusverständnis
15. Das Leben nach dem Tod und sein Zusammenhang mit der Welt der Lebenden
16. Mensch und Sterne — Planeten — Tierkreisentsprechungen in Mensch und Erde
17. Vom Wirken der Engel und anderer hierarchischer Wesenheiten
18. Geistige Wesen in der Natur (1992)

Die anthroposophische Sekundärliteratur ist breit entwickelt. Zur Einführung sind biographische Arbeiten deshalb an erster Stelle zu nennen, weil Anthroposophie vom Lebensgang Rudolf Steiners nicht getrennt werden kann. Von seinem persönlichen Werdegang her lassen sich auf diese Weise Einblicke in die Grundlegung und Entwicklung seines Werks gewinnen. Gleichzeitig lernt man die vielfältigen menschlichen und geistesgeschichtlichen Beziehungen kennen, in denen Mensch und Werk in den verschiedenen Lebens- und Schaffensphasen standen.

Für die allererste Information ist die knapp zusammenfassende Bildmonographie von Johannes Hemleben zu nennen: *Rudolf Steiner in Selbstzeugnissen und Bilddokumenten* (Reinbek). Das Buch ist inzwischen ersetzt durch eine neue Darstellung von Christoph Lindenberg (Reinbek 1992). Eine eingehende Schilderung von Leben, Werk und Wirkung legt Gerhard Wehr vor: *Rudolf Steiner* (München 1987). Die erweiterte 2. Auflage bringt auch den Anteil von Marie Steiner-von Sivers zur Geltung, nutzt die Vielfalt der verfügbaren Quellen, einschließlich der Briefe, und macht von den Mitteilungen vieler Zeitzeugen mit der gebotenen Behutsamkeit Gebrauch.

Emil Bocks Buch *Rudolf Steiner* (Stuttgart 1961) enthält wichtige Studien zu einzelnen Lebens- und Werkabschnitten. Die Beiträge beruhen zum Teil auf eigenen Recherchen zu lange Zeit nicht bekannten Fakten, namentlich aus Steiners Jugend- und Studentenzeit.

Aus der Fülle der in der Regel mit Vorsicht zu genießenden Memoirenliteratur sind zu empfehlen: *Wir erlebten Rudolf Steiner*, hrsg. von M. J. Krück von Poturzyn, und der umfangreiche Sammelband *Erinnerungen an Rudolf Steiner*, in dem ehemalige Mitarbeiter aus den verschiedenen Tätigkeitsbereichen ihre Eindrücke und Erlebnisse mit ihrem Lehrer als Künstler, Erzieher, als Berater und Helfer festgehalten haben (beide in Stuttgart erschienen). Wer dagegen eine Jahr für Jahr gegliederte, oft die

Ereignisse von Tag zu Tag notierende Chronologie verlangt, dem bietet Christoph Lindenberg mit *Rudolf Steiner — Eine Chronik* (Stuttgart 1988) das Gewünschte. Schließlich gibt es eine vierteilige Bildmonographie zu Steiners Leben. Insbesondere der abschließende vierte Band *Das Wirken Rudolf Steiners 1917-1925*, hrsg. von Heinz Herbert Schöffler (Dornach 1987), illustriert die Fülle der kulturellen Initiativen, die vom Begründer der Anthroposophie ausgegangen sind.

Was die einzelnen Arbeitsfelder (beispielsweise Kunst, Pädagogik, Medizin, Soziales, Religion bzw. Theologie) betrifft, so wurde in den Anmerkungen bereits auf eine Anzahl wichtiger Titel hingewiesen. Für buchhändlerische Detailauskünfte steht das Gesamtverzeichnis »Anthroposophie« von Koch, Neff & Oetinger (Stuttgart) zur Verfügung. Als Einzeltitel seien zusätzlich genannt: Wolfgang Klinger, *Gestalt der Freiheit* (Stuttgart 1989). Das grundlegende Buch arbeitet das Menschenbild Rudolf Steiners heraus, wie es für die einzelnen Disziplinen bedeutsam geworden ist. — Gerhard Wehr, *Der innere Weg* (Reinbek 1983) beschreibt den anthroposophischen Erkenntnisweg auf der Basis der Menschenkunde Rudolf Steiners und bringt die meditative Praxis in Beziehung zur christlichen Spiritualität. — Desselben Autors vergleichende Studie *C. G. Jung und Rudolf Steiner* unternimmt den Versuch, die beiden richtungweisenden Esoteriker dieses Jahrhunderts einander gegenüberzustellen, wobei Übereinstimmendes und Unterschiedliches in Leben und Werk dargestellt werden. *Kontrapunkt Anthroposophie* (München 1993) stellt Steiners christologischen Beitrag heraus und markiert Punkte für einen kritischen Dialog mit der Anthroposophie.

Der Sammelband *Zivilisation der Zukunft*, hrsg. von Herbert Rieche und Wolfgang Schuchhardt (Stuttgart 1981) gibt einen Überblick über alle wichtigen anthroposophisch geprägten Arbeitsfelder. Die auf den jeweiligen Gebieten Tätigen behandeln nicht nur ihre speziellen Fragen, sondern beleuchten auch aktuelle Zusammenhänge unserer Zivilisation. Diesem Buch sind — teils ergänzend, teils kontrastierend — folgende nach Art des Spiegel-Journalismus aufgemachte Reportagen an die Seite zu stellen: *Die Anthroposophen* von Peter Brügge (Reinbek 1984) und Max V. Limbacher, *Projekt Anthroposophie* (Reinbek 1986). Hier sind schwerpunktmäßig die pädagogischen und sozialen Ansätze aus dem Blickwinkel der Praktiker beleuchtet. Andere Bereiche bleiben aus Platzgründen ausgeblendet, doch werden hierfür Hinweise und Literaturangaben und Anschriften gegeben, die eine Beschäftigung erleichtern können.

Die für den Dialog zwischen Anthroposophie bzw. »Christengemeinschaft« und kirchlicher Theologie zur Verfügung stehende Literatur ist begrenzt, wenn man jene Bücher und Minitraktate beiseite läßt, die nach Art einer unzeitgemäßen, mit der Elle der eigenen Dogmatik messenden Apologetik operieren. Indizien für diese Gattung sind, wenn individuelle Negativ-Erfahrungen mit »den« Anthroposophen auf die Sache selbst kurzschlüssig übertragen werden oder wenn die theoretische Basis auffällig schmal ist, eventuell noch gestützt auf Zitate aus Sekundärquellen, weil die Primärquellen erst gar nicht eingesehen und wichtige Kontexte nicht erarbeitet worden sind.

Diesen Vorwurf kann man Klaus von Stieglitz, *Die Christosophie Rudolf Steiners* (Witten 1955) nicht machen. Er bestätigt zwar die bis dahin von der Seite der Theologie geübte Kritik, zeichnet sich aber durch eine umfassende Kenntnisnahme der bis 1955 zugänglichen Literatur aus.

Jüngsten Datums ist die breit angelegte katholisch-theologische Dissertation *Anthroposophie und Gnostizismus* (Paderborn 1992) von Richard Geisen. Ihr Autor läßt die meisten der bisherigen konfessionellen, auf zu schmaler, allzu selektiver Basis angefertigten Abwehrschriften weit hinter sich. Geisen unternimmt erstmals den Versuch, Anthroposophie im Kontext der Gnosis-Geschichte zu betrachten.

Schließlich liegen zwei für ein weiterführendes Gespräch beachtenswerte Titel vor, nämlich *Wie christlich ist die Anthroposophie?* von Andreas Binder (Pseudonym) (Stuttgart 1989). Es handelt sich um die Standortbestimmung aus der Sicht eines evangelischen Theologen. Ohne in kurzschlüssiger Weise zu harmonisieren, zeigt der Autor, inwiefern Anthroposophie Erkenntnishilfen bietet für die in Christus erfolgte Offenbarung, die in den heutigen Bewußtseinshorizont hinein zu interpretieren ist. Bei dem Jesuiten Bernhard Grom, *Anthroposophie und Christentum* (München 1989) überwiegen zwar die kritischen Töne, doch im Blick auf das längst fällige Gespräch kommt er zu dem Resultat: »Wenn sich Anthroposophen und kirchlich engagierte Christen des Gemeinsamen wie auch des Trennenden bewußt werden, können sie in einen Dialog eintreten, der das gegenseitige Verstehen fördert und das eigene Suchen stimuliert. Beide können in Rudolf Steiner ein Vorbild und einen Anreger von Spiritualität und Humanität sehen [...].« Für einen solchen Dialog ist es nicht unwesentlich zu sehen, in welchen großen geistesgeschichtlichen Kontext das Werk Rudolf Steiners hineingehört, wie sich Verbindendes und Trennendes in der Geschichte des Christentums zueinander verhalten (vgl. R. Geisen; G. Wehr).

Erwähnt seien schließlich Veröffentlichungen, die ein kirchenamtliches Signum tragen. Dazu gehört das im Auftrag der Vereinigten Evangelisch-Lutherischen Kirche veröffentlichte *Handbuch Religiöse Gemeinschaften* (3. Aufl., Gütersloh 1985) sowie die von den Landeskirchen meist in großer Auflage verbreiteten »Arbeits- und Orientierungshilfen«, beispielsweise *Die Waldorfschulen und ihr weltanschaulicher Hintergrund*, hrsg. von der Kirchenleitung der Nordelbischen Evangelisch-Lutherischen Kirche (Kiel 1986) oder *Zum Verhältnis des christlichen Glaubens zu Anthroposophie und Waldorfpädagogik*, hrsg. vom Evangelischen Oberkirchenrat Stuttgart (1988). Dazu hat die Arbeitsgemeinschaft der Freien Waldorfschulen in Baden-Württemberg mit der Schrift *Zur kirchlichen Kritik an Anthroposophie und Waldorfpädagogik* eine eingehende Erwiderung (Stuttgart 1989) geliefert.

Es spricht für den ganzheitlichen Charakter der Anthroposophie, daß ernst zu nehmende kritische Studien und Dialogbeiträge in der Regel nur auf Einzelbereiche, etwa auf Pädagogik oder Theologie, begrenzt sind, während eine breit angelegte philosophische bzw. kultursoziologische Studie, die das Steinersche Werk in seinem Gesamtumfang kritisch würdigt, immer noch ein Desiderat darstellt.

Texte von Rudolf Steiner

Credo — Der Einzelne und das All

Die Ideenwelt ist der Urquell und das Prinzip alles Seins. In ihr ist unendliche Harmonie und selige Ruhe. Das Sein, das sie mit ihrem Lichte nicht beleuchtete, wäre ein totes, wesenloses, das keinen Teil hätte an dem Leben des Weltganzen. Nur, was sein Dasein von der Idee herleitet, das bedeutet etwas am Schöpfungsbaume des Universums. Die Idee ist der in sich klare, in sich selbst und mit sich selbst sich genügende Geist. Das einzelne muß den Geist in sich haben, sonst fällt es ab, wie ein dürres Blatt von jenem Baume, und war umsonst da.

Der Mensch aber fühlt und erkennt als einzelner sich, wenn er zu seinem vollen Bewußtsein erwacht. Dabei aber hat er die Sehnsucht nach der Idee eingepflanzt. Diese Sehnsucht treibt ihn an, die Einzelheit zu überwinden und den Geist in sich aufleben zu lassen, dem Geiste gemäß zu sein. Alles, was selbstisch ist, was ihn zu diesem bestimmten einzelnen Wesen macht, das muß der Mensch in sich aufheben, bei sich abstreifen, denn dieses ist es, was das Licht des Geistes verdunkelt. Was aus der Sinnlichkeit, aus Trieb, Begierde, Leidenschaft hervorgeht, das will nur dieses egoistische Individuum. Daher muß der Mensch dieses selbstische Wollen in sich abtöten, er muß statt dessen, was er als einzelner will, das wollen, was der Geist, die Idee in ihm will. Lasse die Einzelheit dahinfahren und folge der Stimme der Idee in Dir, denn sie nur ist das Göttliche. Was man als einzelner will, das ist am Umfange des Weltganzen ein wertloser, im Strom der Zeit verschwindender Punkt; was man »im Geiste will«, das ist im Zentrum, denn es lebt in uns das Zentrallicht des Universums auf; eine solche Tat unterliegt nicht der Zeit. Handelt man als einzelner, dann schließt man sich aus der geschlossenen Kette des Weltwirkens aus, man sondert sich ab. Handelt man »im Geiste«, dann lebt man sich hinein in das allgemeine Weltwirken. Ertötung aller Selbstheit, das ist die Grundlage für das höhere Leben. Denn wer die Selbstheit abtötet, der lebt ein ewiges Sein. Wir sind in dem Maße unsterblich, in welchem Maße wir in uns die Selbstheit ersterben lassen. Das an uns Sterbliche ist die Selbstheit. Dies ist der wahre Sinn des Ausspruches: »Wer nicht stirbt, bevor er stirbt, der verdirbt, wenn er stirbt.«

Das heißt, wer nicht die Selbstheit in sich aufhören läßt während der Zeit seines Lebens, der hat keinen Teil an dem allgemeinen Leben, das unsterblich ist, der ist nie dagewesen, hat kein wahrhaftes Sein gehabt.

Es gibt vier Sphären menschlicher Tätigkeit, in denen der Mensch sich voll hingibt an den Geist mit Ertötung alles Eigenlebens: die Erkenntnis, die Kunst, die Religion und die liebevolle Hingabe an eine Persönlichkeit im Geiste. Wer nicht wenigstens in einer dieser vier Sphären lebt, lebt überhaupt nicht.

Erkenntnis ist Hingabe an das Universum in Gedanken, *Kunst* in der Anschauung, *Religion* im Gemüte, *Liebe* mit der Summe aller Geisteskräfte an etwas, was uns als ein für uns schätzenswertes Wesen des Weltganzen erscheint.

Erkenntnis ist die geistigste, Liebe die schönste Form selbstloser Hingabe. Denn Liebe ist ein wahrhaftes Himmelslicht in dem Leben der Alltäglichkeit. Fromme, wahrhaft geistige Liebe veredelt unser Sein bis in seine innerste Faser; sie erhöht alles, was in uns lebt. Diese reine fromme Liebe verwandelt das ganze Seelenleben in ein anderes, das zum Weltgeiste Verwandtschaft hat. In diesem höchsten Sinne lieben, heißt den Hauch des Gotteslebens dahin tragen, wo zumeist nur der verabscheuungswürdigste Egoismus und die achtungslose Leidenschaft zu finden ist. Man muß etwas wissen von der Heiligkeit der Liebe, dann erst kann man von Frommsein sprechen.

Hat der Mensch sich durch eine der vier Sphären hindurch, aus der Einzelheit heraus, in das göttliche Leben der Idee eingelebt, dann hat er das erreicht, wozu der Strebenskeim in seiner Brust liegt: seine Vereinigung mit dem Geiste; und dies ist seine wahre *Bestimmung*. Wer aber im Geiste lebt, lebt frei. Denn er hat sich alles Ungeordneten entwunden. Nichts bezwingt ihn, als wovon er gern den Zwang erleidet, denn er hat es als das Höchste erkannt.

Lasse die Wahrheit zum Leben werden; verliere Dich selbst, um Dich im Weltgeiste wiederzufinden!

(Lt. Angabe des Herausgebers in GA 40 *Wahrspruchworte* stammt dieser Text Steiners aus der Zeit um 1888.)

Aus den Statuten der »Allgemeinen Anthroposophischen Gesellschaft« (Weihnachtstagung 1923)

1.
Die Anthroposophische Gesellschaft soll eine Vereinigung von Menschen sein, die das seelische Leben im einzelnen Menschen und in der menschlichen Gesellschaft auf der Grundlage einer wahren Erkenntnis der geistigen Welt pflegen wollen.

2.
Den Grundstock dieser Gesellschaft bilden die in der Weihnachtszeit 1923 am Goetheanum in Dornach versammelten Persönlichkeiten, sowohl die einzelnen wie auch die Gruppen, die sich vertreten ließen. Sie sind von der Anschauung durchdrungen, daß es gegenwärtig eine wirkliche, seit vielen Jahren erarbeitete und in wichtigen Teilen auch schon veröffentlichte Wissenschaft von der geistigen Welt gibt und daß der heutigen Zivilisation die Pflege einer solchen Wissenschaft fehlt. Die Anthroposophische Gesellschaft soll diese Pflege zu ihrer Aufgabe haben [...].

4.
Die Anthroposophische Gesellschaft ist keine Geheimgesellschaft, sondern eine durchaus öffentliche. Ihr Mitglied kann jedermann ohne Unterschiede der Nation, des Standes, der Religion, der wissenschaftlichen oder künstlerischen Überzeugung werden, der in dem Bestand einer solchen Institution, wie sie das Goetheanum in Dornach als Freie Hochschule für Geisteswissenschaft ist, etwas Berechtigtes sieht. Die Gesellschaft lehnt jedes sektiererische Bestreben ab. Die Politik betrachtet sie nicht als in ihren Aufgaben liegend.

8.
Alle Publikationen der Gesellschaft werden öffentlich in der Art wie diejenigen anderer öffentlicher Gesellschaften sein. Von dieser Öffentlichkeit werden auch die Publikationen der Freien Hochschule für Geisteswissenschaft keine Ausnahme machen; doch nimmt die Leitung der Schule für sich in Anspruch, daß sie von vornherein jedem Urteile über *diese* Schriften die Berechtigung bestreitet, das nicht auf die Schulung gestützt ist, aus der sie hervorgegangen sind. Sie wird in diesem Sinne keinem Urteil Berechtigung zuerkennen, das nicht auf entsprechende Vor-

studien gestützt ist, wie das ja auch sonst in der anerkannten wissenschaftlichen Welt üblich ist [...].

9.
Das Ziel der Anthroposophischen Gesellschaft wird die Förderung der Forschung auf geistigem Gebiete, das der Freien Hochschule für Geisteswissenschaft diese Forschung selbst sein. Eine Dogmatik auf irgendeinem Gebiete soll von der Anthroposophischen Gesellschaft ausgeschlossen sein.

(Die Rechte liegen bei der R. Steiner-Nachlaßverwaltung bzw. beim Rudolf Steiner Verlag, Dornach/Schweiz.)

Zeittafel

1861	Rudolf Steiner wird am 25. (offiziell am 27.) Februar im österreichisch-ungarischen Kraljevec als Sohn des österreichischen Bahnbediensteten Johann Steiner und seiner Ehefrau Franziska, geb. Blie, geboren.
1872	Besuch der Realschule in Wiener-Neustadt.
1879	Abitur und Beginn des Studiums an der Technischen Hochschule in Wien: Mathematik, Naturwissenschaften, Philosophie.
1882-97	Herausgabe der *Naturwissenschaftlichen Schriften* Goethes im Rahmen von Kürschners »Deutscher Nationalliteratur«.
1886	*Grundlinien einer Erkenntnistheorie der Goetheschen Weltanschauung.*
1890-97	Als freier ständiger Mitarbeiter am Goethe- und Schiller-Archiv in Weimar; Herausgeber naturwissenschaftlicher Schriften Goethes (Sophien-Ausgabe).
1891	Promotion zum Doktor der Philosophie an der Universität Rostock mit der Dissertation *Die Grundfrage der Erkenntnistheorie mit besonderer Rücksicht auf Fichtes Wissenschaftslehre.*
1892	*Wahrheit und Wissenschaft.*
1894	*Die Philosophie der Freiheit.*
1899-04	Als Lehrer an der Berliner Arbeiter-Bildungsschule.
1900-01	»Welt- und Lebensanschauungen im 19. Jahrhundert« (1914 in: *Die Rätsel der Philosophie*).
1901	*Die Mystik im Aufgange des neuzeitlichen Geisteslebens*; Vortragstätigkeit u. a. in theosophischen Kreisen.
1902	*Das Christentum als mystische Tatsache und die Mysterien des Altertums*; Steiner wird Generalsekretär der deutschen Sektion der »Theosophischen Gesellschaft« (»Theosophical Society«).
1904	*Theosophie.*
1904/05	*Wie erlangt man Erkenntnisse der höheren Welten?*
1910	*Die Geheimwissenschaft im Umriß.*

1910-13	Uraufführung der vier Mysteriendramen in München.
1911	*Die geistige Führung des Menschen und der Menschheit.*
1912/13	Gründung der »Anthroposophischen Gesellschaft« und nachfolgender Ausschluß aus der »Theosophischen Gesellschaft«. *Die Schwelle der geistigen Welt.*
1913	13. September: Grundsteinlegung zum ersten Goetheanum in Dornach bei Basel.
1914	*Die Rätsel der Philosophie in ihrer Geschichte als Umriß dargestellt.*
1916	*Vom Menschenrätsel.*
1917	*Von Seelenrätseln.*
1918/19	Steiner setzt sich in Wort und Schrift für die Durchsetzung seiner Idee der Dreigliederung des sozialen Organismus ein. 7. September: Eröffnung der ersten Waldorfschule in Stuttgart.
1920	Beginn der freien anthroposophischen Hochschularbeit am Goetheanum in Dornach; Kurse für Pädagogen, Ärzte, Naturwissenschaftler, Künstler.
1922	*Kosmologie, Religion und Philosophie.* 16. September: Begründung der »Christengemeinschaft« als »Bewegung für religiöse Erneuerung«. 31. Dezember: Das erste Goetheanum wird durch Brandstiftung zerstört.
1923	Gründung der »Allgemeinen Anthroposophischen Gesellschaft« im Rahmen der sogenannten »Weihnachtstagung« in Dornach.
1923/24	In der Wochenschrift »Das Goetheanum« erscheint Steiners Autobiographie *Mein Lebensgang* in Fortsetzungen.
1924	Pfingsten: Begründung der biologisch-dynamischen Landwirtschaft auf dem Landgut des Grafen Carl von Keyserlingk in Koberwitz bei Breslau. 28. September: Steiners letzter Mitgliedervortrag in Dornach; letztes Krankenlager.
1925	*Grundlegung für eine Erweiterung der Heilkunst* (gemeinsam mit Dr. Ita Wegman). Am 30. März stirbt Rudolf Steiner in Dornach. 3. April: Einäscherung im Krematorium Basel, Horburg-Friedhof. Die Urne ist heute im neuerrichteten Goetheanum beigesetzt.

Gerhard Wehr, geb. 1931, lebt als freier Schriftsteller in Schwarzenbruck bei Nürnberg.
Veröffentlichungen u. a.: *C. G. Jung und Rudolf Steiner* (1972); *Auf den Spuren urchristlicher Ketzer* (1983); *Die Bruderschaft der Rosenkreuzer* (1984); *Carl Gustav Jung* (1985); *Heilige Hochzeit* (1986); *Rudolf Steiner* (1987); *Die deutsche Mystik* (1988); *Karlfried Graf Dürckheim* (1988); *Martin Buber* (1991); *Lebensmitte* (1991); *Kontrapunkt Anthroposophie* (1993); *Der innere Christus* (1993); *Homo Magus* (1995); Rowohlt Monographien über Martin Buber, C. G. Jung, Jakob Böhme, Thomas Müntzer, Paul Tillich, Meister Eckhart; ferner herausgeberische Tätigkeit, u. a. Werke Jakob Böhmes (1992).

In der Reihe *zur Einführung* bisher erschienen:

Adorno
von Willem van Reijen

Günther Anders
von Konrad Paul Liessmann

Karl-Otto Apel
von Walter Reese-Schäfer

Hannah Arendt
von Karl-Heinz Breier

Roland Barthes
von Gabriele Röttger-Denker

Bergson
von Gilles Deleuze

Bloch
von Detlef Horster

Hans Blumenberg
von Franz Josef Wetz

Martin Buber
von Siegbert Wolf

Ernst Cassirer
von Heinz Paetzold

Donald Davidson
von Kathrin Glüer

Derrida
von Heinz Kimmerle

John Dewey
von Martin Suhr

Diderot
von Ralph-Rainer Wuthenow

Umberto Eco
von Dieter Mersch

Norbert Elias
von Ralf Baumgart
und Volker Eichener

Foucault
von Hinrich Fink-Eitel

Paulo Freire
von Dimas Figueroa

Freud
von Hans-Martin Lohmann

Friedlaender (Mynona)
von Peter Cardorff

Erich Fromm
von Helmut Wehr

Habermas
von Detlef Horster

JUNIUS

Heidegger
von Günter Figal

Thomas Hobbes
von Wolfgang Kersting

Hölderlin
von Henning Bothe

Horkheimer
von Willem van Reijen

Husserl
von Peter Prechtl

Uwe Johnson
von Stefanie Golisch

Hans Jonas
von Franz Josef Wetz

C.G. Jung
von Micha Brumlik

Kafka
von Wiebrecht Ries

Kant
von Jean Grondin

Kierkegaard
von Konrad Paul Liessmann

Alexandra Kollontai
von Gabriele Raether

Julia Kristeva
von Inge Suchsland

Kropotkin
von Heinz Hug

Lacan
von Gerda Pagel

Gustav Landauer
von Siegbert Wolf

Lao-tzu
von Florian C. Reiter

Lévinas
von Bernhard Taureck

Lévi-Strauss
von Edmund Leach

Karl Liebknecht
von Ossip K. Flechtheim

Luhmann
von Walter Reese-Schäfer

Rosa Luxemburg
von Ossip K. Flechtheim

Lyotard
von Walter Reese-Schäfer

Machiavelli
von Quentin Skinner

Herbert Marcuse
von Hauke Brunkhorst
und Gertrud Koch

Marx
von Ossip K. Flechtheim
und Hans-Martin Lohmann

George Herbert Mead
von Harald Wenzel

Montaigne
von Peter Burke

Franz Neumann
von Alfons Söllner

Nietzsche
von Wiebrecht Ries

John Rawls
von Wolfgang Kersting

Wilhelm Reich
von Martin Konitzer

Karl Renner
von Anton Pelinka

Richard Rorty
von Detlef Horster

Otto Rühle
von Henry Jacoby
und Ingrid Herbst

Sartre
von Martin Suhr

Saussure
von Peter Prechtl

Carl Schmitt
von Reinhard Mehring

Schopenhauer
von Wolfgang Korfmacher

Georg Simmel
von Werner Jung

Sohn-Rethel
von Steffen Kratz

Sorel
von Larry Portis

Manès Sperber
von Alfred Paffenholz

Spinoza
von Helmut Seidel

Rudolf Steiner
von Gerhard Wehr

Tocqueville
von Michael Hereth

Trotzki
von Heinz Abosch

Max Weber
von Volker Heins

Simone Weil
von Heinz Abosch

Peter Weiss
von Stefan Howald

Carl Friedrich von Weizsäcker
von Michael Drieschner

Alfred North Whitehead
von Michael Hauskeller

Wittgenstein
von Chris Bezzel

Virginia Woolf
von Vera und Ansgar Nünning